Schweden
in meiner Küche

Rachel Khoo

Schweden in meiner Küche

Mit mehr als 100 Rezepten
durchs Jahr

DK

Inhalt

FRÜHLING

SOMMER

HERBST

WINTER

Vorwort

Lange bevor ich auch nur die leiseste Ahnung hatte, dass ich in Schweden landen würde, hinterließ die schwedische Kultur schon Eindruck in meinem Leben. Als Kind sah ich *Wickie und die starken Männer* und Astrid Lindgrens *Pippi Langstrumpf* im Fernsehen, meine Eltern kauften Möbel bei Ikea (es bleibt mir ein Bambus-Drehstuhl aus den 1970er-Jahren), im Radio dudelte ABBA, später hörte ich Swedish House Mafia, Robyn und Avicii, und Skype – auch ein Export aus Schweden – veränderte mein Leben einschneidend, da ich die meiste Zeit weit entfernt von Freunden und Familie lebte.

Und jetzt stehe ich in meiner neuen kleinen Küche im Herzen Stockholms, der schwedischen Hauptstadt. Meine Liebesgeschichte mit Stockholm begann tatsächlich mit meiner Liebe. Paris habe ich auf den ersten Bissen geliebt. Doch als ich vor acht Jahren meinen Mann kennenlernte, begann ich, diese Stadt zu erkunden, die bald meine Wahlheimat werden sollte. Seitdem habe ich bei Unmengen Kaffee und *kanelbullar* (Zimtwecken) das Land und seine Kultur kennengelernt – zuerst saß ich in der *bageri* (Bäckerei), wovon es in Stockholms Straßen, die häufig mit Kopfstein gepflastert sind, viele gibt, und später in meiner eigenen kleinen Küche.

Ich habe bald entdeckt, dass Schweden mehr zu bieten hat als handlich verpackte Möbel, das wunderbare Stockholm-Weiß und *fika* (eine Pause bei Kaffee und Kuchen). Der schwedische Lebensstil sucht die Ausgeglichenheit und will die schönen Dinge des Lebens genießen. Sie nennen das *lagom*.

Auch in Schweden sagt man, dass es kein schlechtes Wetter gibt, sondern nur falsche Kleidung. Die Winter mögen lang und dunkel sein, aber die Schweden nutzen jede Gelegenheit, ins Freie zu gehen. Selbst bei Minusgraden spielen die Kinder draußen. Darin liegt auch das Geheimnis der schwedischen Küche: Sie bringt auch an düsteren Tagen etwas Sonne auf den Tisch.

In Schweden wird jede Jahreszeit gebührend gewürdigt. Im Winter genießt man *pepparkakor* (Pfefferkuchen) und *glögg* (Glühwein) bei Kerzenlicht, im Frühling fährt man zum Picknicken auf die Schären, im Sommer wird vor dem *sommerstuga* (Ferienhaus) gegrillt, und im Herbst sorgen lange geschmorte Gerichte, die so wunderbar von Zehen- bis Fingerspitzen durchwärmen, für *hostmys* (herbstliche Gemütlichkeit). Es mag vielleicht etwas kühl sein, doch mit einem Feuer wird auch der letzte Sonnenschein ausgenutzt, und so lässt sich gleich der frisch geangelte Barsch grillen, der eignet sich perfekt für Tacos nach schwedischer Art. Im kurzen, aber herrlichen Sommer werden ausgelassene *midsommar*-Feste gefeiert. Dann reifen Preisel-, Heidel-, Molte-, Himbeeren sowie Walderdbeeren, die sich als Grundlage gleichermaßen gut in süßen und herzhaften Gerichten machen. Den Ausklang des Sommers begehen die Schweden mit Krebsessen, das einer großen Party gleichkommt. Anschließend kommt die Zeit zum Sammeln der *karljohansvamp* (Steinpilze) und es werden herzhafte Wildgerichte zubereitet.

Man möchte meinen, dass die kurze Erntesaison für private und professionelle Köche ein Nachteil ist. Tatsächlich vermisse ich die Märkte, die ich aus Paris und London kenne. Die Schweden sind aber ein einfallsreiches Völkchen und wissen auch in der Küche aus dem, was gerade im Angebot ist, das Beste zu machen. Das hat viel mit Erfahrung zu tun, aber auch mit Fantasie. Selbstverständlich kann man heute fast immer alles kaufen, was das Herz begehrt, doch die schwedische Küchentradition ist von den natürlichen Gegebenheiten des Landes geprägt. Das erkennt man vor allem an den verschiedenen Konservierungsmethoden wie Einlegen, Pökeln und Räuchern, die noch heute zum Einsatz kommen.

Ich gebe gerne zu, dass ich keine Expertin für die schwedische Küche bin (und auch über die französische muss ich noch viel lernen). Allerdings konnte ich in den letzten sieben Jahren eine große Bandbreite schwedischer Gerichte kennenlernen, von der Sterneküche bis zur Hausmannskost.

Im Sommer 2012 krempelte der Erfolg meines Buchs *Paris in meiner Küche* mein Leben um. Plötzlich musste ich mich um Öffentlichkeitsarbeit kümmern und Interviews geben. Danach wollte ich mich wieder der Küche widmen – aber nicht einer x-beliebigen. Durch gute Bekannte kam ich in Kontakt mit Magnus Nilsson, Küchenchef des *Fäviken Magasinet*. Das ist eines der berühmtesten Restaurants der Welt und es liegt so abseits in der schwedischen Wildnis, dass viele Gäste per Hubschrauber anreisen. Ich fragte an, ob ich dort ein unbezahltes Praktikum absolvieren könnte, und brach im folgenden Sommer zu einer kulinarischen Expedition auf. Ich glaube, so nervös war ich noch nie (auch nicht, als ich im Fernsehen live vor Millionen von Zuschauern auftrat). Als ich in Stockholm in das kleine Flugzeug nach Åre stieg und später, nach einer Zugfahrt, auf das Auto wartete, das mich abholen sollte (Fäviken liegt wirklich am Ende der Welt!), war mir übel vor Aufregung, und ich erklärte mich selbst für verrückt, dass ich mir das selbst antat. Doch manchmal habe ich einfach verrückte Ideen. Ich hatte schon in Profiküchen gearbeitet, aber noch nie in einer dieses Niveaus. Ich bekam Angst vor meiner eigenen Courage.

Das Praktikum dauerte zwar nur zwei Wochen, war aber eine enorm intensive Erfahrung. Wahrscheinlich würde ich hauptsächlich Geschirr spülen, dachte ich (was ich gelegentlich tat, und auch das WC musste geschrubbt werden). Aber ich sollte ebenso Forellen angeln, Mädesüß pflücken oder Zweige, Blätter und Kräuter sammeln. Es gab auch eine Katastrophe: Ein Appetizer – Tartelettes mit Rentierblut – misslang mir, ich wäre am liebsten im Boden versunken. Totenstille ist viel schlimmer als angebrüllt zu werden. Es gab aber auch viele tolle Momente, etwa wenn die Köche harmonisch und ruhig zusammenarbeiteten – perfekt eingespielt wie eine Küchen-Choreographie des *Schwanensee*. Den Abschluss bildete ein Wild-Festival, bei dem wir 200 Elchspieße grillten. Dazu spielte eine von Schwedens beliebtesten Countrybands.

Das Praktikum erlaubte mir faszinierende Einblicke in die moderne skandinavische Gastronomieszene. Es regte mich auch an, mich intensiver mit dem Kochen mit wenigen Zutaten zu beschäftigen. Denn so muss man ganz schön selbstbewusst kochen können. Schwedische Köche setzen auf relativ wenige Grundzutaten (mehr dazu ab Seite 13), die man mit den wichtigsten Tasten eines Klaviers vergleichen könnte. Sie können immer wieder neu gespielt werden, um Harmonien zu erzeugen. Die einzelnen Töne kennt man, aber die Melodie ist immer wieder anders. Obwohl Spitzenköche dafür gesorgt haben, dass die skandinavische Küche international große Anerkennung findet, basiert sie im Grunde auf *husmanskost* (Hausmannskost). Wie die italienische *cucina povera* (Armeleuteküche) ist sie bodenständig, ländlich und umfasst viele einfache, preiswerte Gerichte.

Mit Recherchen beginne ich oft zu Hause. Ich habe Freunde und den schwedischen Teil meiner Familie nach ihren Lieblingsspeisen, nach Kindheitserinnerungen und alten Familienrezepten gefragt. Alle Rezepte habe ich ausprobiert, Gästen vorgesetzt und nach ihrem Urteil gefragt. Lob und Kritik waren gleichermaßen willkommen. Zu den Fleischbällchen (siehe Seite 178) hatte jeder eine Meinung.

Wenn Sie sich für Fleischbällchen nicht begeistern können, finden Sie in diesem Buch aber auch viele andere Rezepte für jede Jahreszeit und jeden Geschmack. Im Schweden kocht man einfach und mit relativ wenigen Zutaten, aber das Ergebnis ist immer harmonisch. Dieser Ansatz klingt modern, dabei haben viele Rezepte eine über hundert Jahre alte Tradition.

Ich wollte nicht das ultimative Buch zur schwedischen Küche schreiben. Davon gibt es schon einige ausgezeichnete – beispielsweise von Magnus Nilsson. Vielmehr trug ich Rezepte zusammen, die etwas mit meinem Leben in Schweden zu tun haben. Dies ist eine Hommage an die Jahreszeiten, die dort (abgesehen vom Winter) kurz und intensiv sind und oft fließend ineinander übergehen. Gerade darum ist es so wichtig, den Moment – oder die frischen Zutaten jeder Saison – ganz bewusst zu genießen und zu feiern.

Die meisten meiner Bücher erzählen von einem Kapitel in meinem Leben, auch dieses. Schöne Erinnerungen haben oft mit Essen zu tun. Beim Blättern weckt jedes Rezept eine Erinnerung, vor allem die Hochzeitstorte (siehe Seite 134) und die Gelbe-Erbsen-Suppe (siehe Seite 165). Einer meiner Favoriten, der die »typisch schwedische« Küche auf den Punkt bringt, ist knuspriges *knäckebröd* (siehe Seite 28) mit reichlich saurer Sahne, frischem Dill und eingelegten Zwiebeln (siehe Seite 286).

Ich wünsche mir, dass Sie mit meinen Rezepten eigene schöne Erinnerungen finden, und dass sie in Ihrer Küche so viel Freude verbreiten wie in meiner. *Smaklig måltid!* (Guten Appetit!)

Rachel

Vorratskammer

Da die Erntezeit in Schweden so kurz ist und man mit dem, was die Natur im Sommer hergibt, Vorräte für den Winter anlegen muss, hat das Konservieren eine lange Tradition. Lebensmittel werden auf vielerlei Weise eingelegt, geräuchert, gepökelt, eingesalzen, getrocknet ...

Heute gibt es Gefrierschränke, und viele Lebensmittel werden frisch importiert. Dadurch ist das Konservieren nicht mehr überlebenswichtig. Trotzdem findet man in schwedischen Kühl- und Vorratsschränken noch viele konservierte Produkte. Sie bilden die Grundlage vieler meiner Rezepte und tauchen, wie ein eingängiges Motiv aus einem Song von ABBA immer wieder auf. Hier habe ich zusammengestellt, was in meinem Vorratsschrank zu finden ist.

Bestimmte skandinavische Lebensmittel sind bei Ikea erhältlich. Auch im Onlinehandel wird man fündig.

Mehl

Die schwedische Redensart *inte har rent mjöl i påsen* (wörtlich »kein sauberes Mehl in der Tüte haben«) bedeutet so viel wie »Dreck am Stecken haben«. Eine so große Mehlauswahl wie in Schweden habe ich noch nie gesehen, nicht einmal in Frankreich mit seinen vielfältigen Backwaren. Im Supermarkt an der Ecke gibt es nicht nur Weizenmehl (grob und fein), sondern auch Mehl aus Roggen, Gerste und Dinkel. Meine Rezepte für Brot und Kuchen verraten, wie großartig ich das finde. Außerdem sind gerade »gesündere« Mehle aus Linsen, Bohnen und Kokosnuss angesagt. Angesichts der schwedischen Backtradition überrascht das nicht. Weil das Land groß, aber sehr dünn besiedelt ist, wurde früher in den meisten Haushalten das Brot selbst gebacken.

Knäckebröd

So wie für die Franzosen stets ein Körbchen mit Baguette zu jeder Mahlzeit gehört, stehen in Schweden *knäckebröd* (siehe Seite 28) und weiche Butter auf dem Tisch.

Gefrorene Beeren

In vielen schwedischen Supermärkten gibt es eine Gefriertruhe nur für Beeren, die man selbst in Tüten füllt und nach Gewicht bezahlt. Ich habe immer einen oder zwei Beutel verschiedene Beeren für Kompott, Marmelade und Kuchen vorrätig, außerdem *rårörda lingon* (gesüßte Preiselbeeren), die zu fast allem serviert werden können.

Sauer Eingelegtes

Zum Einlegen wird in Schweden meist *ättika* verwendet, Weißweinessig mit 12–24 Prozent Säuregehalt (Apfelessig: bis zu 6 Prozent). Für Salatdressings eignet *ättika* sich nicht, wohl aber zum Putzen von Küche, Bad und Fenstern. Allerdings riecht er etwas streng.

Eingelegte Zwiebeln

Von diesen Zwiebeln (siehe Seite 286) kann ich nicht genug bekommen. Die pinkfarbenen Ringe geben allen möglichen Gerichten Pfiff, ähnlich wie ein Spritzer Zitrone. Man sollte aber nicht zu viel des Guten tun. Darauf spielt die schwedische Redensart *lägga lök på laxen* (»Zwiebeln auf den Lachs legen«) an.

Eingelegte Gurken

Diese süßsauren, knackigen Gurken (siehe Seite 288) werden in Schweden zum Frühstück serviert, aber auch als Garnitur zu Fleischbällchen oder abends zu belegten Broten.

Kalles Kaviar

An dieser salzigen Paste aus Fischrogen scheiden sich die Geister. Ich mag sie nicht, aber Schweden streichen sie zum Frühstück auf *knäckebröd* und essen dazu ein weich gekochtes Ei. Ein Rezept finden Sie auf Seite 214.

Gewürze

Kardamom (Kapseln, Samen und gemahlen), schwarzer und weißer Pfeffer, Piment und Zimt (meist gemahlen) sind Klassiker, die in schwedischen Rezepten häufiger auftauchen als die Werbebanner im kostenlosen Musikaccount.

Schwedische Anchovis

Ansjovis steht auf dem Etikett; es handelt sich um kleine Heringsfilets in einer Salz-Essig-Lake mit einer Gewürzmischung. Sie ist geheim, aber ich bin sicher, dass sie Piment enthält. Schwedische Anchovis sind eine unverzichtbare Zutat für Janssons Versuchung (siehe Seite 252). Die originalen *ansjovis* werden aus Ostseesprotten hergestellt. Sardellen sind bei uns leichter erhältlich.

Senf

Sobald man einen schwedischen Kühlschrank durchwühlt, entdeckt man eine gelbe Quetschflasche mit Johnny's Senf. Der ist das schwedische Pendant zu Löwensenf, allerdings milder und süßlicher – perfekt für das Dressing zu *gravlax* auf Seite 92. Ersatzweise Dijonsenf und flüssigen Honig zu gleichen Teilen verrühren.

Holunderkapern

Die eingelegten Beeren (siehe Seite 287) sind eine gute Alternative zu Kapern. Einfach einige unter einen Salat mischen oder in die weiße Sauce zum Kabeljau (siehe Seite 46) rühren.

Meerrettich

Ich esse gern scharf, und mit Meerrettich lässt sich selbst das fadeste Gericht retten. Etwas frisch geriebener Meerrettich kann einem Eintopf genau das Feuer geben, das man an einem trüben Tag gut gebrauchen kann.

Apfelchutney

Dies ist keine typisch schwedische Zutat, aber weil in meinem Garten so viele Apfelbäume stehen, gehört das Chutney bei mir zu den Standardzutaten (siehe Seite 286). Es schmeckt köstlich zu herzhaftem Käse, beispielsweise Västerbotten.

Röstzwiebeln

Dies sind die knusprigen Verwandten der eingelegten Zwiebeln. Überall im Land werden sie großzügig auf Hot Dogs gestreut (siehe Bild Seite 115). Ich streue sie auch auf Klöße (siehe Seite 37) und sogar auf Salate.

FRÜHLING

vår

Noch nie habe ich mich so sehr auf den Frühling gefreut wie seit meinem Umzug nach Schweden. Weihnachten ist ein Highlight im Winter, aber danach wollen die tristen Tage scheinbar nicht enden. Abendessen bei Kerzenschein ist ja wunderbar gemütlich, aber irgendwann reicht es einfach. Der Frühling kommt hier später als im restlichen Europa, darum kommt mir ein Trip nach London im März vor wie ein Ausflug in ein warmes Land, in dem der Frühling schon seine ganze Pracht entfaltet, während er in Schweden noch im Winterschlaf liegt. Aber wenn er dann kommt, strahlen blühende Bäume weiß vor einem Himmel, der so blau ist wie die schwedische Flagge, und die Sonne scheint bis zum frühen Abend (statt wie im Winter schon am Nachmittag unterzugehen). Ende April lohnt sich eine Reise nach Stockholm, denn dann stehen die Kirschbäume in voller Blüte, und Einheimische wie Touristen strömen in den Kungsträdgården (Königsgarten), um die rosafarbene Pracht zu bewundern.

Wenn die Tage länger und wärmer werden, schwirrt die Luft vor Energie. Manchmal wird es richtig heiß. Dann schlüpfen alle in die Sommerklamotten, um bald darauf wieder dicke Pullover überzuziehen, wenn das Wetter daran erinnert, dass doch erst Frühling ist. Nichts bringt diese Wechselhaftigkeit besser auf den Punkt als das schwedische Sprichwort *barnrumpan och aprilvädret är inte att lita på* – wörtlich übersetzt: Einem Kinderpopo und dem Aprilwetter darf man nicht trauen.

Im Spätfrühling gibt es die ersten Produkte aus inländischer Ernte. Frühkartoffeln aus Skåne in Südschweden bringen schon was ein, sie sind absolut köstlich. Die Schweden servieren sie einfach gekocht mit Butter und Salz. Nun sagt man *hej då* (Tschüss) zu den riesigen Winterkohlköpfen und *tjena* (Hallo) zum kleinen, knackigen, milden Frühlingskohl (Rezeptideen Seiten 22, 30 und 50) und bleistiftdünnen Lauchstangen (siehe Seite 24). Im Garten treiben die Brennnesseln aus und kündigen an, dass das andere Unkraut bald folgen wird. Ziehen Sie schnell die Gummihandschuhe an, um eine Portion junge Blätter für Hähnchenpastete mit Brennnesseln (siehe Seite 42) zu ernten.

Die Winterpullis sollten jedoch nicht gleich weggeräumt werden, denn immerhin verstecken sie Speckröllchen gut. Und zu sinnlichem Genuss verführt süßes Gebäck, genauer *semla,* meine allerliebsten schwedischen Wecken. Wenn ich im Fenster einer *bageri* diese luftig-weichen Wecken mit Sahnefüllung sehe, muss ich eine kaufen (siehe die gehaltvolle *Semlor-tårta* auf Seite 57).

Im Frühling heißt es *ge tillbaka för gammal ost* (wörtlich: alten Käse zurückgeben), wir rächen uns also am Winter, der uns drinnen eingesperrt hat, und gehen ins Freie, wann immer wir Zeit finden, und kochen einfache Gerichte aus frischen Zutaten der Saison.

Kohlsalat mit Zitrone, Kümmel und gegrillten Garnelen

Grillade räkor med kålsallad, citron och kummin

Kohlsalate sind eine feste Größe der schwedischen Küchentradition. In vielen Restaurants werden sie mit *knäckebröd* und Roggenbrot serviert, bevor das Essen auf den Tisch kommt. Selbst der Pizzaservice liefert Kohlsalat häufig dazu. Das Dressing mit Essig und Zitrone ist erfrischend, und die Garnelen werden in der Schale gegrillt, sodass der köstliche Saft nicht verloren geht.

1 Spitz- oder 1 kleiner Weißkohl (etwa 450 g)
Meersalz
3 EL Weißweinessig
1 TL Zucker
3 EL Olivenöl
1 Bio-Zitrone
1 EL Kümmelsamen
300 g große Garnelen, ungeschält
schwarzer Pfeffer
4 EL Lachsrogen

Für 4 Personen als Vorspeise, für 2 als leichtes Mittagessen / glutenfrei / ohne Milchprodukte / Vorbereitung: 10 Minuten / Ruhezeit: 1 Stunde / Garzeit: 4–6 Minuten /

Den Kohl längs halbieren und in sehr feine Streifen schneiden. Dabei den Strunk entfernen. In einer großen Schüssel die Kohlstreifen mit 1 großzügigen Prise Meersalz vermischen, dann 1 Stunde ziehen lassen. In einer kleinen Schüssel Essig, Zucker und 1 EL Olivenöl verrühren, den Zitronenabrieb dazugeben. Dieses Dressing über den Kohl gießen und alles gründlich vermischen. In einer Pfanne den Kümmel 1 Minute bei hoher Temperatur ohne Fett rösten, dann zum Kohl geben. Mit einem Messer die Zitronenfilets auslösen (ohne weiße Haut), hacken und zum Kohl geben. Nochmals sorgfältig vermischen. Beiseitestellen.

Den Grill auf hoher Stufe einschalten. Die Garnelen auf einem Backblech verteilen, mit dem restlichen Öl (2 EL) beträufeln und mit Salz und Pfeffer bestreuen. Unter den heißen Grill schieben. Nach 2–3 Minuten wenden (je nach Größe der Garnelen).

Den Kohlsalat zu den Garnelen servieren. Den Rogen separat dazu reichen.

Tipp / Ich lasse den Kohl gern mit etwas Salz durchziehen. So wird er mürber, ohne seinen knackigen Biss zu verlieren. Wer wenig Zeit hat, kann diesen Arbeitsschritt auch auslassen.

Röstlauch-butter

Sotad purjolök med vispat smör

Cremig aufgeschlagene Butterkreationen sind in Londoner Restaurants der Hype, aber in Schweden kennt man sie schon lange. Normalerweise wird zu einem Schälchen Butter ein Korb mit Knäckebrotsorten serviert. Das Aufschlagen hat zwei Gründe: Die Butter lässt sich leichter streichen und sie ist ergiebiger. Gerösteter Lauch gibt dieser Butter eine süßlich-herbe Note. Wer sich traut, streicht sie am besten so dick auf das Brot, dass die Zähne beim Abbeißen einen deutlichen Abdruck hinterlassen.

Ergibt 250 g / vegetarisch /
glutenfrei ohne Knäckebrot /
Vorbereitung: 10 Minuten /
Garzeit: 10 Minuten /

2 mittelgroße Lauchstangen, geputzt und gewaschen (etwa 250 g)

200 g weiche Butter

1 Prise Meersalz

Knäckebrot oder Radieschen zum Servieren

Den Grill auf hoher Stufe einschalten. Ein Backblech mit Alufolie auslegen.

Die Lauchstangen längs halbieren und in einzelne Blätter zerteilen. Nebeneinander auf das Backblech legen (nicht überlappend, sonst dünsten sie statt zu bräunen). Unter den heißen Grill schieben, möglichst mit Umluftfunktion. Die Lauchblätter wenden, sobald sie auf einer Seite braun (nicht schwarz) sind. Einzelne Blätter, die dunkler als die anderen sind, vom Blech nehmen. Aus dem Ofen nehmen, wenn der Lauch braun und knusprig ist. Etwas abkühlen lassen, dann fein hacken.

In einem Mixer die Butter mit dem Salz in 3–4 Minuten cremig schlagen. Zwischendurch die Butter von der Schüsselwand schaben.

Den gehackten Lauch unter die Butter mixen. Mit Knäckebrot oder Radieschen servieren.

Tipp / Die Lauchblätter können innerhalb von wenigen Sekunden verbrennen, also nicht aus den Augen lassen.

Vorbereiten / Gut verpackt hält sich die Butter im Kühlschrank einige Tage. Rechtzeitig herausnehmen, damit sie Zimmertemperatur annimmt, und noch einmal aufschlagen.

Gemüsechips mit Kaviar und roten Zwiebeln

Chips på rotfrukter med löjrom och rödlök

Da die Schweden viel Wurzelgemüse essen, ist man um Schalenabfälle nie verlegen. Eine gute Verwertung findet sich in diesem Rezept. Ich habe hier zwar ganze Wurzeln und Knollen angegeben, Sie können das aber durch dieselbe Menge an gründlich gewaschenen Gemüseschalen ersetzen. Mit einer Nocke Kaviar, sahniger Crème fraîche und knackigen roten Zwiebeln wird so aus Resten eine feine Vorspeise oder ein Snack.

Für 4 Personen / glutenfrei /
Vorbereitung: 5–10 Minuten /
Garzeit: 25–30 Minuten /

1 mittelgroße Knolle Rote Bete
1½ EL Olivenöl
Meersalz
1 große Karotte
1 große Pastinake
3–4 EL Crème fraîche
1–2 EL Kalix- oder anderer Kaviar
½ rote Zwiebel, geschält und fein gewürfelt

Den Backofen auf 160 °C vorheizen. Zwei große Backbleche mit Backpapier auslegen.

Die Rote Bete in 2 mm dünne Scheiben hobeln. In einer Schüssel mit etwas Olivenöl überziehen. Die Scheiben nebeneinander auf den Blechen verteilen, mit Salz bestreuen. Im heißen Ofen 15–20 Minuten backen. Die Scheiben wenden und weitere 10 Minuten backen, bis sie knusprig, aber nicht zu dunkel sind. Auf einem Gitterrost abkühlen lassen.

Die Karotte und die Pastinake mit einem Sparschäler der Länge nach in dünne Bänder schneiden. Diese in einer Schüssel mit dem restlichen Öl (etwa 1 EL) dünn überziehen, auf den Backblechen verteilen und 15–20 Minuten backen. Dann wenden und weitere 10 Minuten backen. Sie sollen knusprig, aber nicht zu dunkel sein.

Die Chips mit einigen Löffeln Crème fraîche, dem Kaviar und der gehackten roten Zwiebel servieren.

Tipp / Alles Gemüse für die Chips unbedingt zuerst gründlich mit einer Bürste waschen, dann lassen sich auch die Schalen gut verwenden.

Schwedisches Knäckebrot

Knäckebröd

Ehrlicherweise war ich früher kein Fan des Knäckebrots. Damals kannte ich nur diese rechteckigen Scheiben, die wie Pappe schmecken. In Schweden dagegen bekommt man selbst in kleinen Supermärkten eine tolle Auswahl. Körner, Gewürze, verschiedene Mehlarten, rund, dreieckig ... alle Formen, Geschmacksrichtungen und Größen sind zu haben.

Besonders mag ich rustikales Knäckebrot mit Roggen und Sauerteig. Dabei muss der Sauerteig nicht zwingend Tage zuvor angesetzt werden. Viel schneller geht es mit Sauerteigextrakt, der in Bioläden, gut sortierten Supermärkten und online erhältlich ist. In Schweden bekommt man Sauerteighefe im Supermarkt.

Ergibt 6 runde Scheiben / vegetarisch /
Vorbereitung: 30 Minuten /
Ruhezeit: 1 Stunde 30 Minuten /
Backzeit: 10–15 Minuten /

200 g Roggenmehl

50 g Weizenmehl aus der Steinmühle (oder Pizzamehl), plus mehr für die Arbeitsfläche

1 TL feines Meersalz

1 EL Zucker

4 g (1 geh. TL) Trockenhefe

10 g Roggen-Sauerteig-Extrakt

50 g leicht weiche Butter

145 ml Buttermilch

Olivenöl für die Schüssel

In einer Schüssel beide Mehlsorten, Salz, Zucker, Hefe und Sauerteigextrakt vermischen. Die Butter unter die trockenen Zutaten rühren, dann die Buttermilch dazugeben. Alles zu einem weichen Teig verarbeiten. Diesen auf einer leicht bemehlten Arbeitsfläche 5 Minuten kneten, bis der Teig glatt ist. Längeres Kneten ist nicht nötig, weil sich kein Gluten entwickeln muss. Den Teig ein eine eingeölte Schüssel legen, mit Frischhaltefolie abdecken und an einem warmen Platz ohne Zugluft 1½ Stunden ruhen lassen.

Den Teig auf einer leicht bemehlten Arbeitsfläche einige Minuten durchkneten. Zur Kugel formen. Die Arbeitsfläche feucht abwischen und einen großen Bogen Backpapier ausbreiten.

(Auf der feuchten Arbeitsfläche verrutscht das Papier beim Ausrollen nicht so leicht.)

Den Backofen auf 220 °C vorheizen.

Den Teig zu einer Rolle formen und in sechs gleich große Stücke teilen. Diese mit den Händen zu Kugeln formen und in die Mitte des Backpapiers legen. Mit einem bemehlten Rollholz 2 mm dünn ausrollen.

Das Backpapier auf ein Backblech ziehen, mit einem feuchten Geschirrtuch abdecken. Mit dem restlichen Teig ebenso verfahren; wahrscheinlich benötigen Sie zwei Backbleche. Den Teig mit einer Gabel gleichmäßig einstechen.

Das Blech auf der mittleren Schiene in den Ofen schieben, sofort auf 200 °C herunterschalten.

Nach 10 Minuten prüfen: Wenn das Brot ungleichmäßig backt oder die Ränder zu schnell braun werden, die Stücke wenden (sie sind jetzt fest genug). Weitere 5 Minuten backen, bis das Knäckebrot gleichmäßig braun ist. Auf einem Gitterrost abkühlen lassen.

Vorbereiten / Luftdicht verpackt hält sich das Knäckebrot 1–2 Wochen.

Frühlingskohl mit Vinaigrette

Vårens kål med vinaigrette

Kohl gilt nicht gerade als glamouröses Gemüse. Wir assoziieren ihn eher mit dem stechenden, unappetitlichen Duft, der von der verkochten Variante einer schlechten Kantine stammt. Dabei schmeckt er roh wunderbar, und auch gegart kann er köstlich sein. Am besten geht man mit Kohl so um, wie die Italiener mit ihrer Pasta, und kocht ihn al dente. Oder Sie grillen ihn kurz, sodass er braune Ränder bekommt, und servieren ihn wie hier mit einer frisch-säuerlichen Vinaigrette. In Schweden gibt es viele verschiedene Kohlsorten, aber ich mag besonders gern Spitzkohl, der früh im Jahr auf den Markt kommt und freundliche, warme Tage ankündigt.

Für 8 Personen /
vegetarisch / glutenfrei /
Vorbereitung: 10 Minuten /
Garzeit: 15 Minuten /

1 Spitzkohl, äußere Blätter entfernt (etwa 1 kg)

4 EL weiche Butter

4 EL Raps- oder Olivenöl

6 EL Apfelessig

4 EL süßlicher Senf (siehe Seite 15)

1 Prise Salz

3 Eier (Größe M), hartgekocht, gepellt und fein gehackt

1 kleine Handvoll frischer Schnittlauch, grob gehackt

Den Grill auf hoher Stufe einschalten. Ein Backblech mit Alufolie auslegen.

Den Kohl längs in acht Spalten schneiden – möglichst so, dass der Strunk jeweils die Blätter zusammenhält. Die Stücke auf beiden Seiten mit Butter bestreichen, auf das Backblech legen und unter den heißen Grill schieben. Wenden, sobald die Ränder braun werden. Je nach Grill dauert das etwa 15 Minuten. Gut aufpassen, dass der Kohl nicht verbrennt.

Öl, Essig, Senf und Salz in ein Schraubglas geben, verschließen und kräftig schütteln. Das Dressing abschmecken.

Auf jeden Teller etwas Vinaigrette geben, darauf 1 Kohlspalte anrichten und alles mit gehacktem Ei und Schnittlauchröllchen bestreuen.

Opa-Salat

Gubbröra

Gubbröra **bedeutet wörtlich »Alte-Männer-Mischung«, und ich stelle mir ein altes Männlein vor, das seinen Vorratsraum nach Zutaten für dieses Gericht durchforstet. Es gibt viele Versionen, aber Eier, Sardellen, Kartoffeln und eine cremige Sauce gehören immer dazu. Ansonsten können Sie verwenden, was auch immer Kühlschrank und Speisekammer aktuell so hergeben.**

2 Eier (Größe M)

2 EL Schnittlauchröllchen, plus 1 TL zum Garnieren

2 EL fein gehackter Dill, plus 1 TL zum Garnieren

2 EL fein gehackte Kapern

2 EL fein gehackte rote Zwiebel

100 g Crème fraîche

2 EL gute Mayonnaise

Abrieb von 1 Bio-Zitrone

100 g schwedische Anchovis oder Sardellen (siehe Seite 14–15)

4 mittelgroße vorwiegend festkochende Kartoffeln, gegart und geschält

Meersalz

schwarzer Pfeffer

2 Köpfe Mini-Romanasalat, gewaschen und in Blätter zerteilt

4 Radieschen, in dünne Scheiben geschnitten

Für 4 Personen /
glutenfrei ohne Brot /
Vorbereitung: 15 Minuten /
Garzeit: 5 Minuten /

Die Eier in einen kleinen Topf mit kaltem Wasser legen. Dieses zum Kochen bringen und 5 Minuten kochen lassen. Die Eier aus dem Wasser nehmen, dann unter kaltem Wasser abschrecken und pellen.

Die Eier halbieren, jeweils das Eigelb herauslösen und dieses in einer Schüssel mit einer Gabel mit Schnittlauch, Dill, Kapern, Zwiebeln, Crème fraîche, Mayonnaise und Zitronenabrieb verrühren. Gekochtes Eiweiß, Sardellen und Kartoffeln jeweils in 2 cm große Stücke schneiden. Alles miteinander verrühren und kräftig mit Salz und Pfeffer abschmecken.

Die Mischung auf den Salatblättern anrichten, dann mit den Radieschen sowie den restlichen Kräutern garnieren.

Tipp / Sie können den Salat auch weglassen und die Mischung stattdessen auf Toast servieren.

Rauchige Kartoffelplätzchen mit Garnelen

Rökta potatiskakor med räksallad

Wer in Schweden *smörrebröd med räkor* bestellt, bekommt eine Scheibe Brot mit einem ordentlichen Berg Garnelen. Aber nicht nur auf Brot und Salaten werden die kleinen Garnelen in großzügigen Portionen serviert. An vielen Hot-Dog-Ständen bekommt man Brötchen mit Wurst, Kartoffelpüree und einer Art Krabbensalat. Das mag Ihnen sonderbar vorkommen, aber eigentlich ist es doch nur eine Variante von Surf 'n' Turf (Meeresfrüchte, Fleisch und meistens Pommes frites dazu). Für dieses Rezept habe ich besagte Aromen in den knusprigen, rauchigen Kartoffelplätzchen vereint.

Für 8 Personen als Vorspeise,
für 4 Personen als Hauptgericht /
Vorbereitung: 30 Minuten /
Abkühlzeit: 15 Minuten /
Garzeit: 30 Minuten /

2–3 große vorwiegend festkochende Kartoffeln (350 g)

Meersalz

100 g geräucherte Wurst

1 Ei (Größe M)

1 TL weißer Pfeffer

1 Handvoll frischer Schnittlauch, in Röllchen geschnitten

1 EL Butter

1 EL Rapsöl

12–16 Blätter Mini-Romanasalat

400 g kleine gegarte und geschälte Garnelen

1 Bio-Zitrone, ausgepresst und Schale gerieben

schwarzer Pfeffer

6 EL Crème fraîche

1 Handvoll frischer Dill, grob zerpflückt

Die Kartoffeln schälen und in einem Topf mit kaltem Salzwasser zum Kochen bringen, garen, dann abgießen und leicht abkühlen lassen.

Inzwischen die Wurst sehr fein hacken. Das Ei mit weißem Pfeffer und Schnittlauch verrühren. Die gehackte Wurst unterrühren.

Die lauwarmen Kartoffeln reiben und mit der Wurstmischung vermengen. Aus der Masse acht kleine (oder als Hauptspeise vier große) Plätzchen von 1,5 cm Dicke formen.

In einer großen Pfanne Butter und Öl auf mittlerer Stufe erhitzen. Wenn die Butter Bläschen wirft und das Öl heiß ist, die Kartoffelplätzchen in die Pfanne legen. Ausreichend Platz dazwischen lassen. Auf einer Seite einige Minuten goldbraun braten, dann wenden und die andere Seite bräunen. Eventuell portionsweise arbeiten, damit die Pfanne nicht zu voll ist.

Die Salatblätter waschen und abtrocknen. In einer Schüssel die Garnelen gründlich mit Zitronensaft und -abrieb vermengen. Mit Salz und Pfeffer abschmecken.

Zum Servieren auf jedes Kartoffelplätzchen einen Klecks Crème fraîche geben. Dann Salat und Garnelen locker darauf anrichten und alles mit Dill garnieren.

Vorbereiten / Die Kartoffelplätzchen können 2 Tage zuvor zubereitet und luftdicht verpackt im Kühlschrank aufbewahrt werden.

Tipp / Isterband heißt eine schwedische Wurst aus Schweinefleisch, Gerstengraupen und Kartoffeln, sie ist leicht geräuchert. Ich habe für dieses Rezept auch schon die französischen Montbéliard-Würste verwendet oder geräucherte Chorizo. Beide schmecken ausgezeichnet, wenn auch etwas anders als die schwedische Wurst.

Käseklöße mit Meerrettich

Klimp gjorda på pepparrot och Västerbottenost

In Schweden heißen diese Klöße *klimp* und bestehen aus einem einfachen Teig aus Mehl, Eiern und Milch. Sie werden traditionell in kochender Rindfleischsuppe (*köttsoppa*) gegart. Dadurch wird die Suppe gehaltvoller, und die Klöße nehmen das Aroma der Brühe an. Ich habe statt Mehl gesunde Haferflocken verwendet und den Teig mit Meerrettich gewürzt. Diese pikanten Klöße schmecken so gut, dass man sie auch als eigenständiges Gericht ganz ohne Suppe servieren kann.

40 g Butter

1 Ei (Größe M)

170 ml Buttermilch

100 g Buchweizen- oder Haferflocken, Feinblatt

100 g Västerbotten oder reifer Cheddar, frisch gerieben, plus 1 Handvoll zum Servieren

30 g frisch geriebener Meerrettich

Meersalz

1 kleines Bund frischer Schnittlauch, gehackt

8 EL Röstzwiebeln (siehe Seite 15)

Für 4 Personen / vegetarisch /
Vorbereitung: 15 Minuten /
Ruhezeit: 1 Stunde /
Garzeit: 10 Minuten /

Die Butter in Pergamentpapier wickeln und ins Gefrierfach legen.

In einer Schüssel Ei, Buttermilch, Haferflocken, Käse, Meerrettich und ½ TL Salz verrühren, dann 1 Stunde quellen lassen, damit die Flocken die Aromen annehmen.

In einer großen Pfanne mit hohem Rand etwas Wasser mit Salz zum Kochen bringen. Ein Backblech mit Küchenpapier auslegen.

Den Teig in einen festen Gefrierbeutel füllen. Wenn das Wasser kocht, eine Ecke des Beutels abschneiden, sodass eine 1,5 cm große Öffnung entsteht. Den Teig herausdrücken, mit einer Schere 1 cm lange Stücke vom Strang abschneiden und diese direkt ins Wasser fallen lassen. Sie sind gar, wenn sie an die Oberfläche steigen. Mit einem Schaumlöffel herausnehmen und zum Abtropfen auf das Backblech legen. Die Klöße auf vier Teller verteilen.

Etwas eiskalte Butter auf jede Portion reiben. Schnittlauch, geriebenen Käse und Röstzwiebeln auf die Klöße streuen und heiß servieren.

Tipp / Die Klöße nicht zu lange kochen, sonst zerfallen sie und werden matschig.

Flanksteak mit Croûtons und eingelegten Senfkörnern

Bavette och rågkrutonger med picklade senapsfrön

Flanksteak ist eines meiner liebsten erschwinglichen Fleischstücke. Es ist zwar etwas zäher als Filet, schmeckt aber großartig, wenn es außen scharf angebraten und innen noch rosa ist. Roggencroûtons saugen den Fleischsaft auf, und die eingelegten Senfkörner steuern eine pikant-säuerliche Würze bei.

Für 4 Personen als Vorspeise,
für 2 Personen als Hauptgericht /
Vorbereitung: 15 Minuten /
Garzeit: 55 Minuten /

350 g Flanksteak

Meersalz

100 ml Apfelessig

2 EL Zucker

30 g gelbe Senfkörner

4 EL Raps- oder Olivenöl

4 Scheiben Roggenbrot (etwa 120 g), in kleine Stücke gerissen

1 Stück (2 cm) frischer Meerrettich

50 g Västerbotten oder anderer Hartkäse (etwa Parmesan), in Späne gehobelt

10 g frische Kräuter (etwa glatte Petersilie oder Basilikum), nur die Blätter

Das Flanksteak auf einen Teller legen, abtrocknen und kräftig salzen. Beiseitestellen.

Für die eingelegten Senfkörner in einem kleinen Topf Essig und 200 ml Wasser mit Zucker und 1 Prise Salz bis an den Siedepunkt erhitzen, 5 Minuten köcheln lassen, dann die Senfkörner dazugeben. Alles 40 Minuten köcheln lassen, bis die Körner aufgequollen sind. Gegebenenfalls etwas Wasser angießen. In ein Glas umfüllen und zum Abkühlen beiseitestellen.

In einer großen, schweren Pfanne 1½ EL Öl erhitzen. Die Brotstücke darin unter häufigem Wenden rundherum knusprig braun braten. Beiseitestellen. Das Fleisch nochmals abtupfen, mit 1 EL Öl einreiben und rundherum kräftig salzen. Das restliche Öl (1½ EL) in der Pfanne stark erhitzen und das Fleisch darin von jeder Seite etwa 2 Minuten braten. Es soll außen dunkel, aber innen noch schön roh sein. Das Fleisch auf einem Teller ruhen lassen.

Die Croûtons auf den Tellern verteilen (sie saugen später den Fleischsaft auf). Das Fleisch quer zur Faser in sehr dünne Streifen schneiden und diese auf den Croûtons anrichten. Mit dem ausgetretenen Fleischsaft beträufeln. Senfkörner, frisch geriebenen Meerrettich und Käsespäne auf dem Fleisch verteilen und mit frischen Kräutern garnieren.

Rote Bete à la Lindström

Rötbeta à la Lindström

Biff à la Lindström (Rindfleisch nach Lindströms Art) ist ein schwedischer Klassiker. Benannt ist das Gericht angeblich nach einem Henrik Lindström (1831–1910), der in St. Petersburg aufwuchs. Er war oft zu Gast in einem Hotel in Südschweden und bat den Koch, ein Gericht aus seiner Heimat zuzubereiten: Frikadellen mit einer Füllung aus Roten Beten, Zwiebeln und Kapern. Das Gericht wurde bald im ganzen Land bekannt. Zu meiner vegetarischen Variante passen einfach frische Salatblätter oder Avocadostreifen und Kresse mit etwas zerbröseltem Feta.

Ergibt 4 große Bratlinge als Hauptgericht
oder 8 kleine als Vorspeise /
vegetarisch / glutenfrei /
Vorbereitung: 15 Minuten /
Garzeit: 10 Minuten /

Für die Bratlinge:

100 g Rote Bete, vorgegart, grob geraspelt
150 g vorwiegend festkochende Kartoffeln, gegart und fein geraspelt
100 g Champignons, grob geraspelt
50 g Zwiebel, geschält und fein gehackt
50 g Haselnusskerne, geröstet und fein gehackt
80 g Kapern, grob gehackt
2 TL Speisestärke
1 TL Meersalz
1 TL weißer Pfeffer

3–4 EL Rapsöl
4 Eier (Größe M; nur für Hauptgericht)
4 geh. EL saure Sahne

In einer Schüssel sämtliche Zutaten für die Bratlinge vermengen. Die Masse in vier (als Vorspeise in acht) Portionen teilen und diese zu Bratlingen formen. Fest zusammendrücken! In einer großen Pfanne das Öl auf mittlerer Temperatur erhitzen. Die Bratlinge darin von jeder Seite 3–4 Minuten goldbraun braten. Gegebenenfalls portionsweise arbeiten.

Für ein Hauptgericht in einer zweiten Pfanne Spiegeleier braten.

Auf jeden Teller einen Klecks saure Sahne geben. Je einen Bratling darauf setzen und mit einem Spiegelei anrichten. Dazu einen Salat servieren.

Tipp / Für vegane Burger die Bratlinge in veganen Brötchen mit Karottenketchup (siehe Seite 293) und knackigem Salat servieren.

Vorbereiten / Rohe Bratlinge lassen sich gut einfrieren. Backpapier dazwischen legen, damit sie nicht zusammenkleben. Vor dem Braten auftauen.

Hähnchenpastete mit Brennnesseln

Kycklingpaj med vårnässlor

Den Frühling erwarten wir zwar sehnsüchtig, aber das sprießende Unkraut macht weniger Freude. Gut zu wissen, dass man manches Unkraut essen kann. In Frankreich findet man im Frühling saftige Bunde *pissenlit* (Löwenzahn, wörtlich »piss' ins Bett«) auf den Märkten, und in Schweden verkünden *nässlor* (Brennnesseln), dass der Frühling endlich da ist. Auch die Restaurants wetteifern darum, wer die beste Brennnesselsuppe auf der Karte hat. Übrigens enthalten die jungen Blätter deutlich mehr Eisen als Spinat!

Es hat seine Gründe, dass Brennnesseln meist in der Suppe landen. Denn es ist einfach mühselig, die jungen Blätter von den Stielen zu zupfen. Viel einfacher ist es, sie im Ganzen zu kochen und mit Sahne zu pürieren. Auf dieselbe Art bereite ich die köstliche Sauce für meine Hähnchenpastete zu. Der traditionelle Sonntagsbraten ist bei uns Kult, und weil fast immer etwas übrig bleibt, ist diese Pastete das perfekte Essen für den Montag danach.

Für 4 Personen /
Vorbereitung: 1 Stunde /
Abkühlzeit: 30 Minuten /
Garzeit: 45–60 Minuten /
Zubehör: runde Backform, 21 cm Durchmesser /

2 EL Butter

200 g junge Brennnesseln oder Blattspinat, gewaschen

1 große Prise Meersalz

weißer Pfeffer

frisch geriebene Muskatnuss

375 g Blätterteig (TK)

1 Ei, verquirlt

200 g Doppelrahmfrischkäse

1 geh. EL Speisestärke

500 ml gute Hühnerbrühe

200 g Reste von Brathähnchen, in mundgerechte Stücke zerpflückt

200 g Blumenkohl (etwa ½ Kopf), in große Röschen zerteilt, blanchiert

4 Eier (Größe M), wachsweich gekocht, gepellt

In einer großen Pfanne 1 EL Butter bei mittlerer Temperatur zerlassen. Die Brennnesseln dazugeben, abdecken und kurz zusammenfallen lassen. Zwischendurch umrühren. Danach ohne Deckel 30 Minuten garen, sodass möglichst viel Flüssigkeit verdampft. (Spinat nur kurz zusammenfallen lassen.) Mit Salz, Pfeffer und Muskatnuss abschmecken. Alles im Mixer glatt pürieren und beiseitestellen.

Auf einer glatten Arbeitsfläche den Blätterteig zu einem großen Rechteck von etwa 5 mm Dicke ausrollen. Die Teigränder mit verquirltem Ei einpinseln. In einer Schüssel 2 geh. EL Brennnesselpüree mit dem Frischkäse verrühren und diese Masse auf den Blätterteig streichen. (Sie benötigen dabei vielleicht nicht die gesamte Menge.) Oben und unten je 5 mm Rand lassen. Den Teig fest aufrollen, in Frischhaltefolie wickeln und ins Gefrierfach legen.

Für die Sauce in einem mittelgroßen Topf die restliche Butter (1 EL) bei hoher Temperatur zerlassen. Die Speisestärke darin kurz anschwitzen. Langsam und unter ständigem Rühren die Brühe dazugießen. Die Sauce unter ständigem Rühren zum Kochen bringen, dann 5 Minuten köcheln lassen. Vom Herd nehmen. Das restliche Brennnesselpüree und, falls vorhanden, den Rest der Frischkäsemasse unterrühren.

In einer Schüssel das Hähnchenfleisch und den Blumenkohl mit der Brennnesselsauce verrühren. In die Backform füllen und die Eier dazugeben. Dann 30 Minuten abkühlen lassen, bevor der Teig aufgelegt wird. Den Backofen auf 220 °C vorheizen.

Die Teigrolle aus dem Gefrierfach nehmen und in 3 mm dünne Scheiben schneiden. Die Fleisch-Blumenkohl-Mischung damit kreisförmig und leicht überlappend belegen. Mit dem restlichen verquirlten Ei bestreichen. Dann 40–60 Minuten backen, bis der Teig aufgegangen und goldbraun ist.

Tipps / Die Sauce muss kräftig gewürzt werden, weil sie Geschmack an die milden Zutaten der Füllung abgibt.

Sie können die Teigschnecken auch solo backen und als Knabberei zu einem Drink reichen. Einfach ein Backblech mit Backpapier auslegen, die Teigscheiben darauf legen und bei 200 °C in 15–20 Minuten goldbraun backen.

Kabeljau mit Spargel und Ei

Torsk med äggsås, sparris och persilja

Der Charme der schwedischen Küche liegt oft in der interessanten Mischung von Aromen und Konsistenzen. Wie diese cremige Eiersauce zu perfekt gegartem Kabeljaufilet. Die Sauce passt gut zu winterlichen Gerichten, schmeckt aber auch zu Spargel, der im späten Frühling auf den Markt kommt. Ich würze sie gern mit einem Hauch Meerrettich, der ist aber kein Muss.

Für 4 Personen /
Vorbereitung: 30 Minuten /
Garzeit: 15 Minuten /

Meersalz

600 g Kabeljaufilet ohne Haut, in 4 Stücke geschnitten

50 g Butter, plus mehr für das Gemüse

8 Stangen weißer Spargel

8 rundliche Frühlingszwiebeln

weißer Pfeffer

Saft und Abrieb von ½ Bio-Zitrone

1 geh. EL Mehl

375 ml Milch

125 g Schlagsahne

1 Handvoll Petersilie, nur die Blätter

2 EL frisch geriebener Meerrettich, plus mehr zum Garnieren

4 Eier (Größe M), hartgekocht, gepellt und mit einer Gabel grob zerdrückt

Den Backofen auf 220 °C vorheizen. In eine große Schüssel (Glas oder Keramik) 500 ml Wasser geben und darin 25 g Salz unter Rühren auflösen. Den Fisch ins Salzwasser legen (er muss ganz bedeckt sein) und 10 Minuten beiseitestellen. Dann den Kabeljau aus dem Salzwasser nehmen und mit einem sauberen Geschirrtuch trocken tupfen. Den Fisch in einen Bräter legen und 1–2 EL Butter in Flöckchen darauf verteilen. Mit Alufolie abdecken und den Fisch 10–15 Minuten im Ofen garen.

Inzwischen den Spargel schälen, die Enden kappen. Die Frühlingszwiebeln putzen und den grünen Teil abschneiden. In einem großen Topf Wasser mit etwas Salz zum Kochen bringen. Spargel und den weißen Teil der Zwiebeln hineingeben, abgedeckt bei mittlerer Temperatur in 5 Minuten bissfest garen. (Zur Probe mit einem spitzen Messer ins Ende stechen.) Mit einem Schaumlöffel den Spargel aus dem Wasser nehmen und in eine Schüssel legen. In etwas Butter, 1 Prise Pfeffer und 1 Spritzer Zitronensaft wenden.

In einem mittelgroßen Topf die restliche Butter (1 EL) zerlassen. Dann das Mehl einrühren und anschwitzen. Langsam unter ständigem Rühren Milch, Sahne und Zitronenabrieb dazugeben. Aufkochen, etwa 1 Minute köcheln lassen, dann vom Herd nehmen. Die weiße Sauce kräftig mit Salz und weißem Pfeffer abschmecken. Die Petersilie hacken und den größten Teil unter die Sauce rühren. Dann 2 EL frisch geriebenen Meerrettich und die zerdrückten Eier einrühren.

Spargel und Zwiebeln auf vier Teller verteilen. Auf jeden ein Stück Filet legen und 1–2 Kellen Sauce über Fisch und Gemüse löffeln. Mit frisch geriebenem Meerrettich sowie der restlichen Petersilie garnieren. Dazu nach Belieben gekochte Frühkartoffeln reichen.

Schwedisches Schnitzelsandwich

Svensk schnitzelmacka

Zugegeben, dies ist kein schwedischer Klassiker, sondern meine Erfindung: ein Multikulti-Mix aus ägyptischer Dukkah, Schnitzel und dem würzigen Lakritzgeschmack, den die Schweden so lieben. Selbst winzige Läden haben mindestens ein Dutzend Lakritzsorten im Angebot. Noten von Lakritz tragen auch Fenchel und Kreuzkümmel. Hier kombiniere ich sie mit pikanten Senfkörnern und einem Hauch süßlichem Zimt. Auch Schärfe und Süße gehören zum typischen Lakritzgeschmack …

Für 4 Personen /
Vorbereitung: 30 Minuten /
Garzeit: 15 Minuten /

Für die Dukkah-Mischung:

1 EL Fenchelsamen

3 EL Kreuzkümmelsamen

140 g Walnusskerne

140 g Kürbiskerne

2 EL braune Senfkörner

¼ TL gemahlener Zimt

Für die Schnitzel:

2 große Hähnchenbrustfilets

4 EL Mehl

Meersalz

1–2 Eiweiß, verquirlt

3–4 EL Pflanzenöl

Zum Servieren:

1 kleiner Apfel (etwa Elstar oder Boskop)

¼ Kopf Weißkohl, fein gehobelt

Saft von 1 Zitrone

1 EL Walnuss- oder Olivenöl

Butter

4 große Brötchen oder 8 Scheiben Brot

Karottenketchup (siehe Seite 293; nach Belieben)

Für die Dukkah-Mischung in einer Pfanne Fenchel- und Kreuzkümmelsamen ohne Fett bei mittlerer Temperatur 1 Minute rösten, bis sie zu duften beginnen. Inzwischen Walnuss- und Kürbiskerne im Mixer grob zerkleinern. Geröstete Gewürze, Senfkörner und Zimt dazugeben und nochmals fein mixen.

Die Hähnchenbrustfilets waagerecht halbieren. Frischhaltefolie auf einem großen Schneidebrett ausbreiten, die Filets nebeneinander darauflegen und obenauf mit Frischhaltefolie abdecken. Die Filets mit einem Rollholz 5 mm dünn klopfen.

Ein Backblech mit Backpapier auslegen. Drei tiefe Teller bereitstellen: einen mit Mehl und 2 EL Meersalz, einen mit verquirltem Eiweiß und einen mit Dukkah. Die Hähnchenbrustfilets zuerst in Mehl, dann in Ei und zuletzt in Dukkah wenden. Auf das Backblech legen.

In einer Pfanne die Hälfte des Öls sehr hoch erhitzen. Den Herd auf mittlere Temperatur herunterregeln und die Schnitzel im Öl von jeder Seite 3–4 Minuten goldbraun braten.

Den Apfel entkernen und in dünne Scheiben schneiden. In einer Schüssel mit dem Kohl sowie Zitronensaft, Walnuss- oder Olivenöl und 1 Prise Salz vermischen.

Die Brötchen mit Butter bestreichen, mit Schnitzel und Apfel-Kohl-Salat belegen. Nach Belieben Karottenketchup darüberträufeln.

Tipp / Für eine glutenfreie Version zum Panieren Maisstärke verwenden und die Brötchen durch geröstete Süßkartoffelscheiben ersetzen.

DIY: Kohlrouladen

Gör-det-själv-kåldomar

Ein geselliges Essen macht viel mehr Spaß, wenn die Gäste bei der Zubereitung mit anpacken. So halte ich es mit meiner Version der klassischen *kåldomar* – Kohlrouladen mit einer Füllung aus Hackfleisch: Jeder bereitet sich seine Portion selbst zu. Gegart werden sie flink in der Pfanne, dann kommen sie knackig auf den Teller. Klassische Kohlrouladen machen viel Arbeit. Mit meiner Version dagegen steht das Essen schon in weniger als einer halben Stunde auf dem Tisch.

Für 4 Personen / glutenfrei /
Vorbereitung: 15 Minuten /
Garzeit: 15 Minuten /

2 EL Butter

1 TL weißer Pfeffer

1 TL gemahlener Piment

1 TL Meersalz

1 mittelgroße Zwiebel, geschält und fein gehackt

250 g Schweinehackfleisch

250 g Rinderhackfleisch

1 Handvoll Schnittlauch, fein gehackt

300 g Reis, gegart

200 g vorwiegend festkochende Kartoffeln, gegart, abgekühlt und geraspelt

12 Weißkohlblätter oder 1 Eisbergsalat

200 g saure Sahne oder griechischer Joghurt

Preiselbeerkompott aus dem Glas zum Servieren

In einer großen Pfanne die Butter bei mittlerer Temperatur zerlassen. Gewürze, Salz und Zwiebel darin 10 Minuten anschwitzen, bis die Zwiebel weich ist. Das Hackfleisch dazugeben und knusprig braten, dabei mit einem Kochlöffel zerkleinern. Vom Herd nehmen und den Schnittlauch unterrühren.

Den Grill einschalten. Ein Backblech mit Alufolie auslegen, Reis und geraspelte Kartoffel darauf verteilen. Unter den heißen Grill schieben und knusprig goldbraun rösten. Zwischendurch wenden, damit Reis und Kartoffeln gleichmäßig braun werden.

Vom Kohl oder Salat einzelne Blätter ablösen, waschen und abtrocknen. Harte Kohlstrünke dabei entfernen.

Die Zutaten für die Füllung in separate Schüsseln füllen, aus denen sich die Gäste am Tisch selbst bedienen können.

In die Mitte eines Kohlblatts etwas saure Sahne streichen. Hackfleisch, Kartoffelmischung und einen Klecks Preiselbeeren daraufgeben. Dann das Blatt fest aufrollen.

Tipp / Wer den Kohl zarter mag, kann die Blätter zuvor blanchieren. Dafür die einzelnen Blätter 1 Minute in einen Topf mit kochendem Wasser legen, dann sofort herausnehmen, abtropfen lassen und in eine Schüssel mit Eiswasser legen, damit der Kohl knackig bleibt und seine frische Farbe behält.

Restepfanne

Pyttipanna

Pyttipanna (wörtlich »Kleines in der Pfanne«) ist die schwedische Antwort auf Nasi Goreng, den südostasiatischen Bratreis mit Spiegelei. Dies ist ein typisches Resteessen. Kartoffeln, kleingeschnittenes Fleisch und Rote Bete sind üblicherweise dabei, ansonsten kann fast alles verwendet werden, was die Küche gerade hergibt. Ich habe etwa meistens durchwachsenen Speck (für gefährliche Hungerattacken) und Linsen im Haus. Ein festes Rezept gibt es nicht, aber das ist ja das Schöne an der kreativen Resteverwertung. Nur das Spiegelei darf auf keinen Fall fehlen.

Für 4 Personen / glutenfrei /
Vorbereitung: 20 Minuten /
Garzeit: 30 Minuten /

200 g Beluga- oder Puylinsen

1 Handvoll Rosinen

800 ml gute Hühner- oder Gemüsebrühe

1 Bund Frühlingszwiebeln

6 Scheiben durchwachsener Speck, gewürfelt

2–3 Pastinaken (etwa 200 g)

3 Karotten (etwa 340 g)

2 kleine Knollen Rote Bete

½ TL weißer Pfeffer

Meersalz

3 EL eingelegte Senfkörner (siehe Seite 289)

2 EL Einlegeflüssigkeit (etwa von sauren Gurken)

2 EL Butter

4 Eier (Größe M)

In einem Topf Linsen, Rosinen und Brühe ohne Deckel zum Kochen bringen. Die Linsen bissfest garen. Dann abgießen, dabei jedoch den Sud auffangen.

Die Frühlingszwiebeln putzen. Den grünen Teil beiseitelegen. Den weißen Teil fein hacken. Mit dem Speck in einer großen Pfanne 5–10 Minuten sanft garen, bis die Zwiebeln weich sind. Inzwischen Pastinaken, Karotten sowie Rote Beten schälen und in 5 mm große Würfel schneiden. Zu den Zwiebeln in die Pfanne geben. Mit weißem Pfeffer würzen und alles 10 Minuten bei mittlerer Temperatur braten.

Linsen, Rosinen und etwas Brühe in die Pfanne geben. Gut umrühren, mit Salz abschmecken. Vom Herd nehmen und abdecken.

Das Zwiebelgrün hacken. Mit Senfkörnern und Einlegeflüssigkeit vermischen.

In einer weiteren Pfanne die Butter zerlassen. Die Spiegeleier darin so braten, dass das Eigelb noch flüssig ist.

Die Linsenmischung auf Teller verteilen. Spiegeleier darauf anrichten und mit der Zwiebel-Senfkörner-Mischung garnieren.

Tipps / Ich verwende am liebsten Beluga- oder Puylinsen, weil sie nicht so leicht zerkochen. Reste von gekochtem Reis sind auch geeignet.

Vegetarier können den Speck durch 1 EL Butter oder Olivenöl ersetzen.

Statt Speck lassen sich auch gut Bratenreste oder pochierter Fisch verwerten. Das Fleisch würfeln und mit den Frühlingszwiebeln anbraten, den Fisch erst ganz zum Schluss mit den Linsen in die Pfanne geben.

Taco-Pizza

Tacopizza

Tacos assoziiert man nicht wirklich mit schwedischer Küche. Nachdem aber seit den 1980er-Jahren die Zutaten in den meisten Supermärkten zu bekommen sind, haben sich die leckeren mexikanischen Snacks bei uns zu einer festen Größe entwickelt. Pasteten mit typischen Taco-Füllungen werden häufig sogar in kleinen Dorfläden verkauft. Diese Pasteten hat wahrscheinlich jemand erfunden, der die Reste vom Taco-Essen am Vortag verwerten wollte. Und dann war es nur noch eine Frage der Zeit, bis ein kreativer Kopf auf die Idee für die Taco-Pizza kam.

Für 4 Personen / Vorbereitung: 30 Minuten / Garzeit: 20 Minuten /

Für die Tacos:

1 EL Sonnenblumenöl

1 Zwiebel, geschält und fein gehackt

1–2 TL Chilipulver (Schärfe nach Belieben)

1 TL Kreuzkümmel

1 TL Meersalz

250 g Rinderhackfleisch

1 kleine Dose (290 g) Kirschtomaten

1 Karotte, geschält und geraspelt

4 schwedische Tortillas oder Fladenbrote

50 g reifer Cheddar, gerieben

1 Handvoll Tortillachips, zerbröselt

4 EL Schmand

Für den Salat:

1 kleine Dose (75 g) Mais, abgetropft

1 Avocado, das Fruchtfleisch in Scheiben geschnitten

2 große Handvoll frischer Koriander, nur die Blätter

3 Karotten, geschält und in dünne Stifte geschnitten

2 EL natives Olivenöl extra

Saft von 1 Limette

1 Prise Meersalz

In einer großen Pfanne das Sonnenblumenöl erhitzen. Zwiebel, Gewürze und Salz darin 10 Minuten anschwitzen, bis die Zwiebel weich ist. Das Hackfleisch dazugeben und knusprig braten, dabei mit einem Kochlöffel zerkleinern. Die Tomaten dazugeben und zerdrücken. Die geraspelte Karotte und einige EL Wasser einrühren, alles zum Kochen bringen und umrühren. Dann 5 Minuten köcheln lassen. Anschließend vom Herd nehmen.

Den Grill einschalten. Ein Backblech mit Backpapier auslegen.

Die Tortillas darauflegen und unter den Grill schieben. Wenn eine Seite knusprig ist, wenden. Aus dem Ofen nehmen, jede Tortilla mit einer Kelle Tomatensauce bestreichen. Mit Käse bestreuen und nochmals grillen, bis der Belag brodelt und der Teig goldbraun ist.

In einer Schüssel sämtliche Zutaten für den Salat vermengen.

Zum Servieren auf jede Tortilla etwas Salat häufen. Mit Tortillachips bestreuen und mit etwas Schmand garnieren.

Tipp / Eine Dose abgetropfte Kidneybohnen unter das Hackfleisch rühren, fertig ist ein schnelles Chili con carne.

Vorbereiten / Die fertig gebratene Hackfleischmischung hält sich luftdicht verpackt einige Tage im Kühlschrank. Alternativ kann sie einige Monate eingefroren werden.

Weckentorte

Semlor-tårta

Wenn sich die südfranzösische *Tropézienne* mit schwedischen *semlor* (Wecken) zusammentäte, käme wahrscheinlich etwas ähnliches wie diese Torte heraus. Aus dem saftigen Teig werden normalerweise einzelne Wecken mit Marzipanfüllung gebacken. Meine Variante reicht für eine ganze Kaffeetafel. Unter der Schlagsahne mit feiner Kardamomnote versteckt sich edles Pistazienmarzipan.

Ergibt 1 große Torte für 8 Personen /
vegetarisch /
Vorbereitung: 1 Stunde /
Ruhezeit: 2–3 Stunden /
Garzeit: 20–25 Minuten /
Zubehör: Spritzbeutel mit Sterntülle /

Für den Teig:

375 g Mehl (Type 405), plus mehr für die Arbeitsfläche

50 g Zucker

½ TL feines Meersalz

2 TL Trockenhefe

150 ml Milch

Mark von 2 Vanilleschoten

2 Eier (Größe M)

75 g sehr weiche Butter

Für das Pistazienmarzipan:

100 g Marzipanrohmasse

50 g Pistazienkerne, plus 2 EL gehackte Pistazienkerne zum Garnieren

2–4 EL Milch

Für die Kardamomsahne:

400 g Schlagsahne

40 g Puderzucker (oder nach Geschmack), plus mehr zum Bestäuben

1 Prise gemahlener Kardamom

Für den Teig in eine große Schüssel Mehl, Zucker, Salz und Hefe geben. In einem kleinen Topf Milch und Vanillemark sanft auf Zimmertemperatur erwärmen. Eine Mulde in die Mitte der trockenen Zutaten drücken. Warme Milch, 1 Ei und die Butter hineingeben. Alles mit den Knethaken eines Mixers in 5–7 Minuten zu einem glatten Teig verkneten. Alternativ den Teig auf einer großzügig bemehlten Arbeitsfläche kneten, bis er sich geschmeidig anfühlt und nicht mehr klebt.

Die Schüssel mit Frischhaltefolie abdecken und den Teig etwa 2 Stunden ruhen lassen, bis sich sein Volumen verdoppelt hat. Die Arbeitsfläche bemehlen, den Teig in acht gleich große Stücke teilen und diese mit den Händen zu Kugeln rollen.

Ein großes Backblech mit Backpapier auslegen. Eine Teigkugel in die Mitte legen, die restlichen mit 1 cm Abstand ringsherum anordnen. Das restliche Ei verquirlen und die Oberflächen damit einpinseln. Die Teigkugeln locker mit eingeölter Frischhaltefolie abdecken und an einem warmen Platz 30 Minuten ruhen lassen. Inzwischen den Backofen auf 200 °C vorheizen.

Den Teig ein weiteres Mal mit Ei einpinseln, dann das Blech in den Ofen schieben. Die Torte 20–25 Minuten backen, bis die Teigkugeln goldbraun sind und hohl klingen, wenn man gegen den Boden klopft. Den Kuchen aus dem Ofen nehmen und anschließend auf einem Gitterrost abkühlen lassen.

Inzwischen das Marzipan in kleine Stücke brechen und in einem Mixer mit den Pistazienkernen sowie 2 EL Milch zu einer streichfähigen Masse pürieren. Falls die Masse zu fest ist, etwas mehr Milch untermixen,

Die Schlagsahne gemeinsam mit Puderzucker und Kardamom steif schlagen.

Den abgekühlten Kuchen quer durchschneiden. Dabei sollen die Wecken möglichst nicht auseinanderbrechen. Den oberen Teil abnehmen. Den unteren Teil bis an den Rand mit der Marzipanmasse bestreichen. Die Schlagsahne in einen Spritzbeutel mit Sterntülle füllen und schneckenförmig von der Mitte bis zum Rand auf den Teigboden spritzen. Mit den gehackten Pistazienkernen bestreuen, dann das Oberteil wieder aufsetzen. Großzügig mit Puderzucker bestäuben und am gleichen Tag servieren.

Tipp / Damit die Wecken wirklich gleich groß werden, wiegen Sie den gesamten Teig und teilen das Ergebnis durch acht. Dann teilen Sie den Teig in acht Portionen, die Sie ebenfalls wiegen, bevor Sie daraus Kugeln formen.

Vorbereiten / Diese Torte schmeckt am besten ganz frisch.

Magic Cake mit Rhabarber und Vanille

Magisk tårta med bakad rabarber och vaniljkräm

Den Magic Cake habe ich nicht auf einer Reise ins schwedische Hinterland entdeckt, sondern beim Surfen auf YouTube. (Kennen Sie das auch? Man schaut sich ein Video an, klickt auf das nächste, und im Handumdrehen ist der Vormittag vorüber.) Mir gefiel die Idee, in einem Kuchen drei verschiedene Texturen zu vereinen. Es ist wirklich magisch, wie aus nur einem Teig eine weiche Cremeschicht, ein saftiger Kuchen und zuunterst eine Art luftiger Biskuit entstehen. Als ich meine schwedische Schwiegerfamilie über die heimische Küche befragt habe, waren sich alle einig, dass Rhabarber mit Vanillesauce einen festen Platz in ihren Kindheitserinnerungen einnimmt.

Für 10 Personen / vegetarisch /
Vorbereitung: 30 Minuten /
Ruhezeit: 2 Stunden / Garzeit: 1 Stunde /
Zubehör: Springform, 24 cm Durchmesser /

360 ml Milch
1 Prise Meersalz
1 Vanilleschote, längs aufgeschlitzt
4 Kardamomkapseln, zerdrückt
¼ TL gemahlener Ingwer
125 g Butter, gewürfelt, plus mehr für die Form
5 Eier (Größe M), getrennt
100 g Zucker, plus 2 EL
100 g Mehl (Type 405)
1 TL Backpulver
140 g Konditorsahne (mind. 35 % Fettgehalt)
350 g Rhabarber, auf 25 cm Länge getrimmt

Den Backofen auf 170 °C vorheizen. Die Springform ausbuttern und mit Backpapier auslegen.

In einem Topf Milch, Salz und Gewürze aufkochen lassen, dann den Herd abschalten, die gewürfelte Butter unterrühren, bis sie aufgelöst ist. Die Mischung durch ein Sieb gießen, um die Gewürze zu entfernen.

In einer sauberen Metallschüssel die Eiweiße schlagen, bis sie steife Spitzen ziehen. In einer weiteren Schüssel 100 g Zucker und die Eigelbe kräftig aufschlagen, bis die Mischung fast weiß ist. In einer dritten Schüssel Mehl und Backpulver vermischen. Die Milch-Butter-Mischung und die Sahne zur Eigelbmasse geben, dann das Mehl hineinsieben und unterheben. Den Eischnee zügig unterheben – keinesfalls zu lange rühren, sonst wird der Teig zäh. Es dürfen ruhig noch einige Klümpchen vom Eischnee zu sehen sein.

Den Teig in die vorbereitete Backform füllen und auf der mittleren Schiene des Ofens 45 Minuten backen. Er soll beim Herausnehmen noch etwas weich sein. Dann 30 Minuten in der Form abkühlen lassen, anschließend mindestens 1½ Stunden in den Kühlschrank stellen.

Inzwischen ein Backblech mit Backpapier auslegen. Die Rhabarberstangen in 2 EL Zucker wälzen und nebeneinander auf dem Backblech verteilen. Im Backofen etwa 15 Minuten garen, bis die Rhabarberstangen zart, aber nicht matschig sind. Die Garzeit hängt davon ab, wie dick die Rhabarberstangen sind. Anschließend aus dem Ofen nehmen und zum Abkühlen beiseitestellen.

Den Kuchen vorsichtig auf eine Platte setzen. Die Rhabarberstangen auf die Kuchenform zuschneiden, dann den Kuchen damit belegen.

Tipps / Als Belag für diesen Kuchen können die verschiedensten Früchte verwendet werden: roh, gedünstet, im Ofen gegart oder eingemacht. Der Kuchen schmeckt aber auch ganz ohne Obstbelag, einfach großzügig mit Puderzucker bestäubt.

Wenn Sie eine anders geformte Backform verwenden, wird sich wahrscheinlich das Backverhalten ändern. Auch die Ofentemperatur, die je nach Modell variieren kann, spielt eine Rolle. Wer ganz sicher gehen will, verwendet ein Ofenthermometer zum Überprüfen der benötigten 170 °C.

Vorbereiten / Der gegarte Rhabarber hält sich einige Tage im Kühlschrank. Auch der Kuchen kann 2 Tage im Kühlschrank aufbewahrt werden.

Schokokugeln

Chokladbollar

Obwohl diese kleinen Kugeln so leicht selbst zu machen sind, kann man sie in Schweden überall kaufen. Selbst angesagte Nobelbäckereien bieten sie neben feinem Gebäck und edlen Torten an. Dabei hat man die Zutaten normalerweise im Haus, und die Zubereitung dauert nur 20 Minuten. Meine Kugeln sind nicht so süß wie die meisten gekauften, aber variieren Sie einfach den Zuckeranteil nach eigenem Geschmack.

Ergibt 20–25 Stück / vegetarisch /
Vorbereitung: 20 Minuten /
Kühlzeit: 15 Minuten /

200 g Haferflocken, Großblatt

50 g Zucker

40 g reines Kakaopulver

200 g sehr weiche Butter

2 TL sehr starker Espresso oder Instantkaffee, frisch gebrüht

1 Prise gemahlener Zimt

1 Prise gemahlene Vanille

1 Prise feines Meersalz

Auswahl zum Wälzen:

3–4 EL Kokosraspel

3–4 EL zerbröselter Krokant (siehe Seite 277)

3–4 EL Zuckerstreusel oder Nonpareilles

3–4 EL gefriergetrocknete Himbeeren oder Erdbeerpulver (nach Belieben)

Im Mixer die Haferflocken grob zerkleinern – ich mag es gern, wenn einige größere Stücke drin sind. In einer Schüssel mit Zucker und Kakaopulver mischen. Die Butter mit einem Kochlöffel unterrühren. Espresso oder Kaffee, Zimt, Vanille sowie Salz dazugeben und alles gleichmäßig vermengen.

Ein Backblech mit Frischhaltefolie oder Backpapier auslegen. Esslöffelgroße Portionen mit den Händen zu Kugeln rollen, auf das vorbereitete Backblech legen. Die verschiedenen Zutaten zum Wälzen in einzelne kleine Schälchen füllen. Die Kugeln in je eine Schüssel hineinlegen und darin drehen, bis sie rundherum umhüllt sind, dann mit etwas Abstand wieder auf das Backblech setzen.

Die Kugeln 15 Minuten im Kühlschrank kühlen.

Tipps / Wenn keine Kinder von den Kugeln naschen, können Sie den Espresso durch dunklen Rum ersetzen. Wer den leicht bitteren Kaffeegeschmack nicht mag, lässt den Espresso weg.

Für eine laktosefreie Variante kann zimmerwarmes Kokosöl verwendet werden.

Vorbereiten / Die Kugeln halten sich luftdicht verpackt 4–5 Tage im Kühlschrank. Zimmerwarm servieren (gekühlt sind die Kugeln fester).

Schwedische Orangenschnitten

Marmeladsnittar

Snittar (wörtlich »Schnitten«) sind die schwedische Version der italienischen *biscotti*, allerdings sind sie nicht so hart. Man bekommt sie in jedem Café, meist mit Schokolade oder Karamell, und sie werden am besten in den Kaffee getunkt. Meine Variante mit Orangenmarmelade hat einen herrlich fruchtigen Duft.

Ergibt 20 Stück / vegetarisch /
Vorbereitung: 15 Minuten /
Backzeit: 12–15 Minuten /

100 g weiche Butter
80 g Zucker
100 g Orangenmarmelade
Abrieb von 1 Bio-Zitrone
225 g Mehl (Type 405)
½ TL Backpulver
1 TL feines Meersalz

Den Backofen auf 190 °C vorheizen.

In einer Schüssel Butter, Zucker, Orangenmarmelade und Zitronenabrieb cremig rühren. In einer weiteren Schüssel die restlichen Zutaten vermischen. Dann sämtliche Zutaten miteinander verrühren und den Teig zu einer Kugel formen. Die Kugel halbieren und aus jeder Hälfte eine Rolle von etwa 25 cm Länge formen. Ein Backblech mit Backpapier auslegen und die Rollen mit großem Abstand darauflegen. Die Rollen so flach drücken, dass sie etwa 1 cm dick sind.

Die Rollen im Ofen 12–15 Minuten backen, bis die Oberfläche hell goldbraun ist. Dann herausnehmen und sofort mit einem Teigschaber aus Metall oder einem großen Messer in 1,5 cm lange Schnitten schneiden (Vorsicht, nicht das Backblech beschädigen!).

Auf einem Gitterrost abkühlen lassen.

Vorbereiten / Luftdicht verpackt halten sich die Orangenschnitten etwa 1 Woche.

Mandel-Preiselbeer-Wecken

Mandel och lingonbullar

Ein Schweden-Kochbuch ohne *bullar* wäre nur eine halbe Sache. Diese werden mit einfachem Weizenmehl zubereitet. Das geht schneller, aber sie sollten möglichst innerhalb von 24 Stunden verzehrt werden (so lange überleben sie bei uns selten). Herbe Preiselbeeren bilden einen interessanten Kontrast zur süßen Mandelmasse.

Ergibt 12 Stück / vegetarisch /
Vorbereitung: 30 Minuten /
Ruhezeit: 2 Stunden 15 Minuten /
Backzeit: 15 Minuten /
Zubehör: 2 Spritzbeutel und 1 Muffinblech für 12 Muffins /

Für den Teig:

375 g Mehl (Type 405), plus mehr für die Arbeitsfläche
50 g Zucker
½ TL feines Meersalz
150 ml Milch
Mark von 2 Vanilleschoten
75 g Butter, plus mehr für das Blech
25 g frische Hefe
1 Ei (Größe M)

125 g Preiselbeeren oder Cranberrys (TK)

Für die Mandelmasse:

100 g gemahlene Mandeln
75 g weiche Butter
75 g hellbrauner Zucker
1 Ei (Größe M)
½ TL feines Meersalz
Mark von 1 Vanilleschote

Außerdem:

1 Ei, verquirlt, zum Einpinseln
2 EL feiner Rohrohrzucker

Für den Teig in eine Schüssel Mehl, Zucker und Salz geben. In einem Topf die Milch mit Vanillemark und Butter in 1–2 Minuten auf Zimmertemperatur erwärmen. Die Hefe in eine kleine, hitzebeständige Schüssel bröseln und in 2 EL der warmen Vanillemilch auflösen. Eine Mulde in die Mitte der trockenen Zutaten drücken. Aufgelöste Hefe, restliche Milch sowie das

Ei hineingeben und alles miteinander verrühren. Den Teig in der Küchenmaschine mit Knethaken 5–7 Minuten kneten, alternativ von Hand auf einer bemehlten Arbeitsfläche kneten. Der Teig soll elastisch sein und nicht mehr kleben. Die Schüssel mit dem Teig mit Frischhaltefolie abdecken und den Teig etwa 2 Stunden an einen warmen Ort stellen, bis sich sein Volumen verdoppelt hat.

Inzwischen in einem mittelgroßen Topf die gefrorenen Beeren bei geschlossenem Deckel und mittlerer bis niedriger Temperatur erhitzen. Gegebenenfalls 2 EL Wasser dazugeben, damit sie nicht austrocknen. Sobald die Beeren platzen und Saft abgeben, umrühren. Weitere 5 Minuten abgedeckt sanft köcheln lassen, bis die Früchte eine Konsistenz wie grobe Konfitüre annehmen. Cranberrys werden leichter trocken. Falls das geschieht, 50–70 ml Wasser unterrühren. Die Früchte mit einer Gabel zerdrücken, dann in einen Spritzbeutel füllen.

In einer Schüssel sämtliche Zutaten für die Mandelmasse sehr glatt verrühren. Die Masse in den zweiten Spritzbeutel füllen und im Kühlschrank beiseitestellen.

Den Backofen auf 240 °C vorheizen. Die Vertiefungen des Muffinblechs sorgfältig ausbuttern oder Papierförmchen hineinsetzen. Die Arbeitsfläche leicht bemehlen. Den Teig darauf zu einer langen Rolle formen und diese in zwölf gleichmäßige Stücke schneiden. Jedes Stück zur Kugel rollen und in eine Vertiefung des Muffinblechs setzen. Mit einem Geschirrtuch abdecken und an einem warmen Platz 15 Minuten ruhen lassen.

Die Oberfläche der Teigkugeln mit verquirltem Ei einpinseln und jede Kugel mit 2 EL Zucker bestreuen. Mit dem Finger eine Mulde in die Mitte jeder Kugel drücken. Den Spritzbeutel in die Vertiefung drücken und einige Male drehen, dann etwas Marmelade ins Loch spritzen. Ebenso mit der Mandelmasse verfahren. Alle Kugeln auf diese Weise füllen.

Die Ofentemperatur auf 220 °C herunterregeln. Die Wecken 15 Minuten backen, bis sie aufgegangen und goldbraun sind.

Vorbereiten / Die abgekühlten Wecken können in einem Gefrierbeutel mehrere Monate eingefroren werden. Bei 170 °C etwa 30 Minuten aufbacken, ohne sie vorher aufzutauen.

Kardamom-Eisbombe

Kardemummabullar-bombe

Falls wider Erwarten Kardamomschnecken übrig bleiben, können Sie sie für diese eindrucksvolle Eisbombe verwerten. Geht schnell und einfach ebenso mit gekauften Zimt- oder Kardamomschnecken.

Für 6–8 Personen / vegetarisch /
Vorbereitung: 30 Minuten /
Garzeit: 10 Minuten / Gefrierzeit: 4 Stunden /
Zubehör: mittelgroße, konisch zulaufende Schüssel (1,5 l Volumen) /

200 g Zuckerrüben- oder Dattelsirup

200 g Zucker

2 TL gemahlener Kardamom

½ TL feines Meersalz

300 g Konditorsahne (mind. 35 % Fettgehalt)

2 l gutes Vanilleeis

12–14 Kardamom- oder Zimtschnecken (selbst gebacken oder gekauft)

Für die Karamellsauce in einen großen Topf mit dickem Boden den Sirup geben. Dann Zucker, Kardamom sowie Salz hinzufügen. Alles bei hoher Temperatur erhitzen. Den Topf dabei etwa minütlich schwenken, damit sich der Zucker besser auflöst. Wenn der Karamell siedet, die Mischung noch etwa 5 Minuten köcheln lassen, bis sie dunkel goldbraun ist. Dann vom Herd nehmen und langsam die Sahne einrühren. Vorsicht: Die Mischung steigt dabei auf und kann spritzen. Eine große Schüssel mit Wasser und Eiswürfeln füllen. Den Topf zum Abkühlen auf die Eiswürfel stellen.

Das Vanilleeis aus dem Gefrierschrank nehmen und im Kühlschrank antauen lassen.

Die Schüssel mit Frischhaltefolie auslegen. Dabei die Folie so weit über den Rand hängen lassen, dass ihr Inhalt später mit der Folie abgedeckt werden kann. Die Kardamomschnecken längs halbieren und die gesamte Schüsselwand mit ihnen auslegen. Die Schnittfläche der Schnecken zeigt dabei nach außen.

Das Vanilleeis durchrühren. Ein Drittel der nun abgekühlten Karamellsauce zügig unter das Eis ziehen, sodass Karamelladern im Eis entstehen. Die restliche Karamellsauce beiseitestellen. Das Eis in die ausgekleidete Schüssel füllen und gut andrücken. Halbierte Kardamomschnecken obenauf legen. Den Schüsselinhalt mit der überlappenden Frischhaltefolie bedecken. Die Eisbombe mindestens 4 Stunden in den Gefrierschrank stellen.

Die Eisbombe 15 Minuten vor dem Servieren aus dem Gefrierschrank nehmen. Die Frischhaltefolie von der Oberfläche lösen und die Eisbombe stürzen. Dann die Frischhaltefolie ganz entfernen. Die Eisbombe etwas antauen lassen. Unmittelbar vor dem Servieren mit der restlichen Karamellsauce übergießen.

Tipps / Zum Schneiden der Eisbombe ein langes Messer kurz in heißes Wasser tauchen.

Wer die Schnecken selbst backt, kann den Kardamom durch andere Gewürze wie Zimt, gemahlenen Ingwer oder Piment ersetzen.

SOMMER

sommar

Die Erwartungen an den schwedischen Sommer sind immer sehr hoch. Der Frühling beginnt oft mit einigen warmen, sonnigen Tagen, danach folgt jedoch meist eine kalte Periode. Jedes Jahr wird spekuliert, der kommende Sommer könne ein Rekordsommer werden. Allerdings werden diese Erwartungen nur selten erfüllt (was allerdings auch für andere Länder gilt). Aber wenn sich der Sommer dann in seiner ganzen Pracht zeigt, ist er wahrhaftig wunderbar. In meinem ersten schwedischen Sommer habe ich viele Stunden an den wunderschönen Sandstränden der südlichen Provinz Skåne verbracht. Abgesehen von der ziemlich erfrischenden Wassertemperatur (bedeutet: saukalt), hatte es beinahe Karibikflair – allerdings ohne Horden von Touristen. Und *grädde på moset* (»das Sahnehäubchen«) sind definitiv die langen Sommertage, vor allem nach dem langen, dunklen Winter. Stockholm hat durchschnittlich 1880 Sonnenstunden pro Jahr, London nur 1410. An diesen langen Sommerabenden hat man das Gefühl, die Sonne ginge gar nicht mehr unter, und in Nordschweden trifft das auch beinahe zu. Das lässt einen aufleben, besonders, wenn man den ganzen Tag im Büro eingesperrt war.

Mittsommer ist das Highlight des schwedischen Kalenders. Am längsten Tag des Jahres fangen die großen Schulferien an. Das Wetter ist um diese Zeit oft wolkig und etwas regnerisch, nur ab und zu kommt die Sonne durch. Ich habe im Hochsommer oft mehr Schichten angezogen als im März. Trotzdem wird die Mittsommernacht unverdrossen und feucht-fröhlich gefeiert. Man tanzt um den Maibaum und singt Lieder wie *små grodorna* (»Die kleinen Frösche«). Die Mädchen pflücken morgens Blumen für ihre Blütenkränze oder sammeln süße Walderdbeeren. Später wird gemeinsam geschlemmt: verschiedene Sorten eingelegter Heringe oder Makrelen (siehe Seite 96), neue Kartoffeln und Walderdbeeren in einem frischen Salat (siehe Seite 120).

Vor allem in der Stadt ist zu spüren, dass die Menschen im Sommer möglichst viel Zeit im Freien verbringen. Nach den kalten Monaten scheinen neue Einwohner aufzutauchen, tatsächlich kriechen sie aber nur aus ihren Häusern hervor. Manche Firmen lassen ihre Mitarbeiter im Sommer gegen drei Uhr nachmittags Feierabend machen. Und dann strömen alle nach draußen: Man macht Picknick, grillt, nimmt einen Drink auf der Terrasse, spielt Boule oder geht schwimmen. Selbst mitten in der Stadt sind die Gewässer so sauber, dass man baden kann. Das Wasser ist kühl, das macht aber nichts. Cafés und Restaurants halten für alle, die draußen sitzen wollen, Decken und Heizstrahler bereit. Und auch das kalte Wasser der Binnenseen und Schärenwelt stört offenbar kaum. Jeder Sommertag wird genossen, als sei es der letzte.

Wochenenden und Ferien verbringen viele Schweden im *sommerstuga* (Sommerhaus) auf dem Land oder auf einer der Schären. Traditionellerweise war Reisen für Schweden nicht selbstverständlich – aufgrund der Größe des Landes. Man schaffte sich also andere Urlaubsmöglichkeiten. Viele der Häuschen sind im traditionellen *falu*-Rot gestrichen, einer Farbe aus Kupferschlacke, die schon im 17. Jahrhundert als preiswerte Imitation von Backstein diente. An den Häuschen weht zu offiziellen Feiertagen und privaten Festen die schwedische Flagge.

Viele Sommerhäuschen sind bescheiden eingerichtet, manche haben nur Gaskocher und Holzofen. Umso wichtiger ist es, einfallsreich zu kochen. So entstanden unkomplizierte Gerichte wie Hähnchentopf mit Erbsen und Kartoffeln (siehe Seite 116), Räucherwurst Stroganoff (siehe Seite 122) oder Haferplätzchen (siehe Seite 124), die auch mit einfachsten Mitteln leicht zuzubereiten sind.

Krebssuppe

Kräftsoppa

Krebse stehen in Schweden hoch im Kurs. Gefangen werden sie nur im August und September (die exakten Termine werden jährlich bekannt gegeben), aber meine Schwiegermutter friert zum Glück immer einen Vorrat für die restlichen Monate ein.

Für 4–6 Personen /
glutenfrei /
Vorbereitung: 30 Minuten /
Garzeit: 40 Minuten /

1 kg Krebse, vorgegart
2 EL Rapsöl
1 Karotte, geschält und fein gehackt
50 g Staudensellerie, fein gehackt
1 Zwiebel, geschält und fein gehackt
3 EL Tomatenmark
1 TL Paprikapulver edelsüß
1 Prise Cayennepfeffer
1 Lorbeerblatt
300 ml trockener Weißwein
1 l Fischfond
1 TL weißer Pfeffer
300 g Crème fraîche, plus mehr zum Servieren
Meersalz
Schnittlauchröllchen zum Garnieren

Das Krebsfleisch (nicht das aus den Scheren) vorsichtig auslösen. Die Scheren für die Garnitur beiseitelegen. Die Schalen aufbewahren.

In einem großen Topf das Öl erhitzen. Karotte, Sellerie, Zwiebel, Tomatenmark, Paprikapulver, Cayennepfeffer, Lorbeerblatt sowie Krebsschalen hineingeben und sanft anschwitzen, bis die Zwiebel weich ist. Den Wein angießen und alles 1 Minute kräftig einkochen. Fischfond und Pfeffer hinzufügen. Ohne Deckel 30 Minuten köcheln lassen, bis die Flüssigkeit auf zwei Drittel reduziert ist und einen intensiven Geschmack hat. Durch ein feines Sieb gießen, dabei die Feststoffe entsorgen. Den Fond auffangen, wieder in den Topf geben und sanft erhitzen. Crème fraîche und Krebsfleisch einrühren, das Fleisch dabei nur kurz garziehen lassen. Mit Salz abschmecken.

Die Suppe in tiefe Teller füllen. In jede Portion 1 EL Crème fraîche rühren. Mit Schnittlauchröllchen bestreuen und schließlich mit den Krebsscheren garnieren.

Tipp / Ersatzweise Kaisergranate oder sehr große Garnelen verwenden. Rezept zum Garen der frischen Krebse siehe Seite 109.

25
SUZUKI

Pfannkuchen

Pannkakor

Pfannkuchen mit Schlagsahne und Konfitüre gibt es in schwedischen Hotels häufig als Dessert oder auf dem Büffet. Ebenso beliebt ist die herzhafte Variante mit knusprigem Speck und Preiselbeeren. Dabei sind *ugnspannkaka* etwas dicker und werden im Ofen gebacken, *tunnpannkaka* (»dünne Pfannkuchen«) ähneln französischen Crêpes, und *små plättar*, die etwa doppelt so groß wie Blinis sind, werden in einer speziellen Gusseisenpfanne mit Vertiefungen gebacken. Für alle diese Varianten braucht man nicht viel mehr als Mehl, Eier, Milchprodukte, eine kräftige Prise Salz (ganz wichtig!) und reichlich gute Butter zum Braten. Das Salz ist der Pfiff, vor allem für süße Pfannkuchen.

Ergibt 6 Stück/
Vorbereitung: 15 Minuten /
Ruhezeit: 15 Minuten /
Garzeit: 20 Minuten /

Für den Teig:

285 ml Buttermilch
130–150 ml Milch
1 Ei (Größe M)
150 g Mehl
1 TL Zucker
1 TL Natron
1 großzügige Prise Meersalz
weiche Butter zum Braten

Für die Belagvarianten:

12 Scheiben durchwachsener Speck
150 g Crème fraîche
4 EL fein gehackte frische Kräuter (etwa Schnittlauch und glatte Petersilie), plus einige Stängel zum Garnieren
Meersalz und schwarzer Pfeffer
½ rote Zwiebel, geschält und sehr fein gehackt
2–4 EL Karottenketchup (siehe Seite 293)

Für den Teig in einer mittelgroßen Schüssel die Buttermilch mit 130 ml Milch und dem Ei verrühren. In einer zweiten Schüssel die trockenen Zutaten vermischen, dann die Eiermilch unterrühren. Die Teigkonsistenz sollte flüssigem Joghurt ähneln. Gegebenenfalls etwas mehr Milch unterrühren, dann 15 Minuten in den Kühlschrank stellen.

Den Grill auf hoher Stufe einschalten. Ein Backblech mit Alufolie auslegen. Die Speckscheiben darauflegen und 4–5 Minuten im Ofen knusprig grillen, zwischendurch wenden.

Die Crème fraîche aufschlagen. Die Kräuter unterrühren, dann mit Salz und Pfeffer abschmecken. In den Kühlschrank stellen.

Den Backofen auf 140 °C vorheizen. In einer beschichteten Pfanne 1 TL Butter zerlassen. Je eine Kelle Teig hineingeben und mit der Rückseite der Kelle zu einem Kreis von 15 cm Durchmesser verteilen. Den Pfannkuchen von beiden Seiten 2–3 Minuten goldbraun braten, dann auf einem Backblech im Ofen warm halten. Mit dem Restteig ebenso verfahren. Zwischendurch mehr Butter in die Pfanne geben.

Zum Servieren auf jeden Teller einen Pfannkuchen legen. Mittig je einen Klecks Kräutercreme sowie zwei Scheiben knusprigen Speck darauf anrichten. Mit den Zwiebelwürfeln sowie den restlichen Kräutern bestreuen. Den Karottenketchup separat dazu reichen.

Kohlrabi mit Sonnenblumen-Löwenzahn-Pesto

Kålrabbi med pesto gjord på maskros och rostade solrosfrön

Kohlrabi kann ich immer knabbern. Roh ist er herrlich knackig und gibt mit seinem mild-süßlichen Geschmack im Cole Slaw eine gute Alternative zu Karotten oder Weißkohl ab. Ebenso köstlich schmeckt er gekocht und in Butter geschwenkt. Das simple Pesto aus Sonnenblumenkernen und Löwenzahn (davon habe ich haufenweise im Garten) ist hier mit seinem herb-nussigen Aroma eine schöne Ergänzung.

Für 4–6 Personen /
vegetarisch / glutenfrei /
Vorbereitung: 15 Minuten /
Garzeit: 10 Minuten /

Meersalz
1 Kohlrabi (etwa 600 g)
2 Handvoll Sonnenblumenkerne (etwa 100 g)
4 EL weiche Butter
2 Handvoll Löwenzahn oder Petersilie, gewaschen

In einem großen Topf Wasser mit etwas Salz zum Kochen bringen. Den Kohlrabi schälen und in 1 cm dicke Stifte schneiden. Diese ins kochende Wasser geben und 3–4 Minuten garen, bis die Kohlrabistifte leicht glasig aussehen. Dann abgießen.

Inzwischen in einer großen Pfanne ohne Fett die Sonnenblumenkerne bei mittlerer Temperatur rösten, bis sie nussig duften und zu platzen beginnen. Vom Herd nehmen und die Butter dazugeben. Wenn die Butter geschmolzen ist, die Mischung in einen Mixer geben. Löwenzahn oder Petersilie sowie etwas Salz dazugeben und alles zu einer nicht zu feinen Paste pürieren. Abschmecken und bei Bedarf etwas Salz dazugeben (das Pesto soll leicht salzig schmecken).

Die warmen Kohlrabistifte in dem Pesto wenden und sofort servieren.

Tipps / Wer sich vegan ernährt, kann die Butter durch natives Olivenöl extra ersetzen.

Wenn Sie das Pesto zu Pasta servieren wollen, geben Sie noch 1 Handvoll frisch geriebenen Parmesan dazu.

Kalte Gurkensuppe mit rosa Joghurtgranita

Kyld gurksoppa med rödbetsyogurtgranita

An manchen Sommertagen steigt die Temperatur in Schweden so hoch, dass man meinen möchte, irgendwo in Südeuropa zu sein. Eine gekühlte Suppe ist genau das Richtige bei Hochsommerhitze.

Für 4 Personen /
vegetarisch / glutenfrei /
Vorbereitung: 15 Minuten /
Kühlzeit: 2–3½ Stunden /

125 g Joghurt
2 Knollen Rote Bete (etwa 125 g), vorgegart
900 g Salatgurke, gehackt
4 EL frisch gehackter Dill,
plus einige Stängel zum Garnieren
4 EL Apfelessig
Meersalz
1 Knolle Rote Bete, geschält, zum Garnieren

Für die Granita im Mixer den Joghurt mit den gegarten Roten Beten grob pürieren. In eine große, flache Gefrierbox füllen und 30 Minuten einfrieren, durchrühren. Anschließend weitere 2–3 Stunden einfrieren, bis die Masse fest ist.

Inzwischen im Mixer Gurken und Dill glatt pürieren. Den Essig unterrühren. Mit Salz abschmecken. In den Kühlschrank stellen.

Kurz vor dem Servieren die rohe Rote Bete in feine Juliennestreifen schneiden. Die Granita aus dem Gefrierschrank nehmen und kräftig mit einer Gabel durchrühren. Die Suppe abschmecken und auf Schälchen verteilen. Granita sowie Rote-Bete-Julienne darauf anrichten und mit Dill garnieren.

Tipp / Je kälter die Suppe, desto kräftiger muss sie gewürzt werden. Darum unbedingt kurz vor dem Servieren noch einmal abschmecken.

Vorbereiten / Die Suppe hält sich 1 Tag im Kühlschrank. Die Granita hält sich luftdicht verpackt etwa 1 Woche im Gefrierschrank. Dann 5 Minuten vor dem Servieren herausnehmen, damit sie sich leichter mit der Gabel auflockern lässt.

Gegrillter Saibling mit Fenchel und Johannisbeeren

Helgrillad röding med fänkål, röda vinbär och dill

Früher habe ich mein Abendessen eher selten selbst gefangen, doch hier in Schweden gehen wir recht häufig angeln. In den vielen Seen regieren Saiblinge, Forellen, Barsche und Hechte (die haben für meinen Geschmack zu viele Gräten). Wenn wir den Fang nicht gleich wieder ins Wasser entlassen, bereite ich ihn immer ganz einfach zu.

Für 4 Personen / glutenfrei /
Vorbereitung: 20 Minuten /
Garzeit: 30 Minuten /

2 Saiblinge (à etwa 500 g)
Meersalz
2 EL weiche Butter

2 Handvoll Rote Johannisbeeren, an der Rispe

2 Handvoll Rote Johannisbeeren, abgezupft

2 EL Raps- oder Olivenöl

1 große Fenchelknolle mit Grün

1 EL frisch gehackter Dill

Den Backofen auf 190 °C vorheizen. Ein Backblech mit Backpapier auslegen.

Die Saiblinge abtrocknen, mit Salz einreiben und mit etwas weicher Butter bestreichen. Die restliche Butter und die Johannisbeerrispen zwischen die Bauchlappen stecken. Die Fische auf das Backblech legen und in den Ofen schieben. Nach 20 Minuten den Grill einschalten. Die Fische auf einer Seite bräunen, dann wenden und die andere Seite bräunen.

Inzwischen die Hälfte der abgezupften Beeren zerdrücken, mit dem Öl und 1 TL Salz vermischen. Den Fenchel sehr dünn schneiden. Mit dem Beerenmus, dem Dill und den restlichen ganzen Johannisbeeren vermengen.

Den fertigen Fisch zum Fenchelsalat servieren.

Tipps / Saibling lässt sich durch Forelle ersetzen. Für ein *knäckemacka* einfach Knäckebrot (siehe Seite 28) mit Fisch und Fenchelsalat belegen.

Stremellachs-salat mit Senf-Dill-Dressing

Sallad med varmrökt lax och gravlaxsås

Die besten Rezeptideen kommen mir manchmal, wenn ich ein schnelles Mittagessen zubereiten und den Kühlschrank dafür plündern muss. So entstand auch das Rezept für diesen Salat. Senf-Dill-Dressing für *gravlax* ist in Schweden ebenso gängig wie Ketchup. Es ist in jedem Supermarkt erhältlich, aber man kann es auch ganz leicht selbst machen. Traditionell wird es zu gebeiztem oder geräuchertem Fisch serviert. Ebenso gut schmeckt es zu Salaten oder gekochten Frühkartoffeln.

Für 4 Personen als Vorspeise,
für 2 Personen als Hauptgericht /
glutenfrei /
Vorbereitung: 15 Minuten /

1 Kopf Romanasalat, gewaschen

8 Radieschen

1 Karotte, geschält

200 g Stremellachs, in grobe Stücke zerpflückt

Für das Senf-Dill-Dressing:

2 geh. EL gute Mayonnaise

2 geh. EL süßlicher, körniger Senf (siehe Seite 15)

Saft und Abrieb von 1 Bio-Zitrone

2 EL frisch gehackter Dill

1 Prise Meersalz

Den Salat in Streifen schneiden. Die Radieschen in dünne Scheiben schneiden oder hobeln. Die Karotte in Julienne (oder mit einem Sparschäler in dünne Bänder) schneiden.

Sämtliche Zutaten für das Dressing verrühren. Auf jeden Portionsteller oder auf eine große Servierplatte 1 EL Dressing streichen. Den Salat darauf häufen und den zerpflückten Stremellachs darauf verteilen. Mit dem restlichen Dressing beträufeln.

Tipp / Statt Stremellachs (heiß geräucherter Lachs) kann auch normaler (kalt geräucherter) Räucherlachs, geräucherte Forelle oder sogar kaltes gegartes Hähnchenfleisch verwendet werden.

Karottensalat

Morotssallad

Wenn wir von Stockholm aufs Land fahren, legen wir häufig in einem Restaurant an der Autobahn einen Stopp ein. Es ist nicht sonderlich schick, aber dort gibt es traditionelle schwedische *husmanskost.* Selbstverständlich stehen auch Fleischbällchen auf der Karte.

Wie in den meisten schwedischen Restaurants gibt es ein Salatbüffet, an dem man sich selbst bedienen kann. Karottensalat ist immer im Angebot. Er schmeckt prima als Vorspeise und vertreibt mit seinem leuchtenden Orange jeglichen Blues einer Fahrt im Nieselregen. Das Rezept ist simpel, aber der Salat ist knackig und das Dressing angenehm säuerlich. Ich habe ihn mit Kapern und einer roten Zwiebel noch etwas aufgepeppt.

Für 4 Personen /
vegetarisch / glutenfrei /
Vorbereitung: 15 Minuten /
Garzeit: 5 Minuten /

6 EL Apfelessig

1 TL Zucker

1 TL Meersalz

1 rote Zwiebel, geschält und in dünne Ringe geschnitten

3 große Karotten (gern verschiedene Farben)

2 EL Holunderkapern (siehe Seite 287) oder normale Kapern

1 geh. EL frisch gehackter Dill, plus einige Stängel zum Garnieren

2 EL mildes Raps- oder Olivenöl

Meersalz und schwarzer Pfeffer

150 g Feta oder Ziegenkäse (nach Belieben)

In einem kleinen Topf Essig, Zucker und Salz aufkochen, gelegentlich umrühren. Wenn Zucker und Salz aufgelöst sind, den Herd abschalten und die Zwiebel in den Topf geben, beiseitestellen. Die Karotten schälen und in Stifte schneiden.

In einer Schüssel Karotten, Kapern und Dill mit dem Öl vermischen. Mit dem Zwiebelessig übergießen und nochmals durchrühren. Mit Salz und Pfeffer abschmecken, mit Dill bestreuen und nach Belieben Feta oder Ziegenkäse über den Salat bröseln.

Vorbereiten / Der Salat schmeckt noch besser, wenn man ihn über Nacht durchziehen lässt. Dadurch wird auch die Zwiebel etwas milder.

Eingelegte Makrele

Inlagd makrill

Eingelegten Fisch kenne ich aus meiner Kindheit, denn meine österreichische Großmutter liebte Rollmops. Aber erst in Schweden habe ich entdeckt, wie viele Varianten es gibt. Die meisten Leute kaufen fertig eingelegten Fisch in Gläsern, dabei ist es gar nicht schwierig, frischen Fisch selbst einzulegen. Hier stelle ich meine drei Lieblingsversionen vor: ein klassisches Rezept, ein süßliches mit Beeren und ein sahniges. Dazu etwas Knäckebrot (siehe Seite 28), ein Salat mit Erdbeeren (siehe Seite 120) oder Quetschkartoffeln (siehe Seite 102), und fertig ist eine schwedische Hochsommermahlzeit.

Für 4–6 Personen mit Beilagen /
glutenfrei /
Vorbereitung: 30 Minuten /
Ruhezeit: 30–60 Minuten, plus 1 Tag /

8 EL feines Meersalz
6 fangfrische Makrelenfilets ohne Gräten
500 ml Weißweinessig
250 g Zucker
4 Lorbeerblätter

Für Version 1:
1 TL Pfefferkörner
1 TL Senfkörner
1 TL Wacholderbeeren

Für Version 2:
150 g Rote Johannis- oder Preiselbeeren
2 Schalotten, geschält und in Ringe geschnitten

Für Version 3:
2 EL frische Schnittlauchröllchen
2 EL frisch gehackter Dill
2 EL fein gehackte Kapern
2 EL fein gehackte Schalotten
Abrieb von 1 Bio-Zitrone
2 EL Mayonnaise
100 g Crème fraîche

Auf dem Boden einer flachen Glas- oder Keramikform 4 EL Salz gleichmäßig verteilen. Die Fischfilets darauflegen, mit weiteren 4 EL Salz bedecken und 30–60 Minuten in den Kühlschrank stellen.

In einem Topf Essig, Zucker und Lorbeerblätter aufkochen, dann komplett erkalten lassen.

Das Salz von den Makrelenfilets abspülen. Die Filets gründlich abtrocknen, im Ganzen lassen oder in 3 cm große Stücke schneiden.

Den Fisch abwechselnd mit den restlichen Zutaten (für Version 1 oder 2) in ein Einweckglas (Fassungsvermögen 1 l) schichten und mit dem Essigsud übergießen. Mindestens 1 Tag im Kühlschrank durchziehen lassen, dann binnen 4 Tagen verbrauchen.

Für Version 3 den Fisch in ein Einweckglas schichten und nur mit dem Essigsud übergießen. Kurz vor dem Servieren den Fisch herausnehmen und mit Küchenpapier abtupfen. In einer Schüssel die restlichen Zutaten für Version 3 verrühren und mit dem Fisch vermischen. Innerhalb von 2–3 Tagen verbrauchen.

Tipp / Vor dem Einlegen mit dem Finger über die Fischfilets streichen und vorstehende Gräten mit einer Pinzette herausziehen.

Kaviartörtchen

Röd romtårta

Dies ist eine Kreuzung aus *romtårta* (Rogentorte) und *smörgåstårta* (Sandwichtorte). *Romtårta* ist ein herzhafter Käsekuchen mit kleinen Garnelen, Seehasenrogen und roter Zwiebel auf einem Boden aus Roggenbrot. *Smörgåstårta* wird aus Brotscheiben und Käse, Schinken, Leberpastete oder anderen Zutaten geschichtet. Mit Rote-Bete-Fladenbrot (siehe Seite 285) sieht der Turmbau besonders toll aus und schmeckt absolut köstlich. Es ist allerdings nicht so leicht, ihn manierlich zu essen.

Ergibt 4 kleine Törtchen /
Vorbereitung: 30 Minuten /
Backzeit: 15 Minuten /
Zubehör: runde Ausstechform (oder Trinkglas), 8 cm Durchmesser /

6 Rote-Bete-Fladenbrote (siehe Seite 285) oder 12 Scheiben Roggenbrot

200 g Garnelenfleisch, vorgegart

½ Salatgurke

Abrieb von 1 Bio-Zitrone

250 g Frischkäse

½ rote Zwiebel, geschält und fein gehackt

1 Handvoll frische Schnittlauchröllchen

Meersalz

4 TL Seehasenrogen

Den Backofen auf 170 °C vorheizen. Ein Backblech mit Backpapier auslegen.

Rote-Bete-Fladenbrote waagerecht halbieren und 8 cm große Kreise ausstechen. Aus Brotscheiben nur Kreise ausstechen.

Die Brotreste auf dem Backblech im Ofen 15 Minuten trocknen, nicht bräunen. Abkühlen lassen, dann im Mixer grob zerkleinern (oder mit einem Messer hacken).

Die Garnelen trocken tupfen und grob hacken. Die Gurke entkernen und fein würfeln. In einer Schüssel Garnelen, Gurke, Zitronenabrieb, 1 EL Frischkäse, rote Zwiebel und Schnittlauch verrühren und abschmecken.

Einen Brotkreis mit etwas Frischkäse bestreichen und auf einen Teller legen. Darauf 1 geh. EL Garnelenmischung und 1 TL Seehasenrogen geben. Einen Brotkreis aufsetzen, ebenso belegen und mit einem dritten Brotkreis abdecken. Insgesamt vier Törtchen auf diese Weise schichten.

Den restlichen Frischkäse cremig rühren und die Törtchen ringsherum damit bestreichen. Mit einem Palettmesser glätten. Die Törtchen mit den Brotbröseln bestreuen. Dazu einen grünen Salat servieren.

Tipp / Traditionell wird für *romtårta* sehr dunkles Roggenbrot verwendet. Sie können auch anderes Brot verwenden, solange es nicht zu viele Löcher hat, durch die die Füllung quellen könnte.

Quetschkartoffeln mit grüner Sauce

Krossad potatis med grön sås

Bei einer Mittsommerfeier dürfen neue Kartoffeln auf keinen Fall fehlen. Kartoffeln sind in Schweden ein Grundnahrungsmittel. Als es – wie in Irland – aufgrund der Kartoffelfäule in den 1860er-Jahren zu einer Hungersnot kam, wanderten viele Schweden nach Amerika aus. Heute werden vor allem in Skåne im Süden Schwedens Kartoffeln angebaut. Dies ist mein Lieblingsrezept für zarte Frühkartoffeln.

750 g neue vorwiegend festkochende Kartoffeln

Meersalz

3 EL gesalzene Butter

Für die grüne Sauce:

2 EL natives Olivenöl extra

4 EL Apfelessig

2 EL Kapern

1–2 TL Zucker, oder nach Geschmack

1 kleines Bund frischer Dill, Spitzen fein gehackt, plus einige Stiele zum Garnieren

1 kleines Bund frische Petersilie, Blätter grob gehackt

1 kleines Bund frischer Estragon, Blätter grob gehackt

Für 4–6 Personen als Beilage / vegetarisch / glutenfrei / Vorbereitung: 10 Minuten / Garzeit: 10–15 Minuten /

Die Kartoffeln in einen großen Topf mit kaltem Salzwasser legen. Zum Kochen bringen, dann 10–15 Minuten garen. In einem Sieb abtropfen lassen. Die heißen Kartoffeln in eine Schüssel füllen, grob mit einer Gabel zerdrücken und die Butter in Flöckchen darauf verteilen.

Inzwischen sämtliche Zutaten für die Sauce in einem Mixer glatt pürieren. Abschmecken und bei Bedarf nachwürzen.

Die Kartoffeln mit der Sauce beträufeln und sofort servieren.

Vorbereiten / Kartoffeln und Sauce können einige Stunden vor dem Servieren zubereitet werden. Dann abgedeckt aufbewahren. Die Sauce verliert dabei jedoch mit der Zeit ihre grüne schöne Farbe, darum bereite ich sie lieber unmittelbar vor dem Servieren zu.

Rotkohlsalat mit Äpfeln

Sallad med rödkål och äpple

Eigentlich kennt man diese Zutaten langsam geschmort und mit etwas Essig abgeschmeckt vom schwedischen *julbord* (Weihnachtstafel). Verzichtet man jedoch auf das Schmoren, entsteht ein knackig-frischer Salat, der zum Weihnachtsbraten ebenso gut passt wie zu Gegrilltem im Sommer. Ich brösele gern etwas einheimischen salzigen Ziegenhartkäse darüber, der Ähnlichkeit mit Feta hat. Das hat aber damit zu tun, dass ich leidenschaftlich gern Käse esse. Der Salat schmeckt auch ohne wunderbar.

Für 4–6 Personen als Beilage /
vegetarisch / glutenfrei /
Vorbereitung: 15 Minuten /
Garzeit: 5 Minuten /

Für das Dressing:

2 EL Rotes Johannisbeergelee

1 EL Apfelessig

2 EL helles Raps- oder Olivenöl

½ TL gemahlener Piment

½ TL schwarzer Pfeffer

1 großzügige Prise Meersalz

½ Rotkohl (etwa 500 g)

1 rote Zwiebel

2 knackige Tafeläpfel (siehe Tipp)

75 g Rote Johannisbeeren

200 g salziger Ziegenhartkäse oder Feta zum Servieren (nach Belieben)

Für das Dressing in einem Topf das Johannisbeergelee zerlassen und glatt rühren. Dann mit Essig, Öl, den Gewürzen und Salz verrühren.

Den Strunk vom Rotkohl entfernen, dann den Kohl in dünne Streifen hobeln. Die Zwiebel schälen und in dünne Ringe schneiden. Die Äpfel entkernen und in dünne Streifen schneiden oder raspeln. Die Johannisbeeren von den Stielen abstreifen. Sämtliche Zutaten in eine Schüssel geben, das Dressing hinzufügen und alles gründlich vermischen.

Tipp / Am besten eignen sich knackige Apfelsorten wie Granny Smith oder Braeburn.

Vorbereiten / Der Salat kann mehrere Stunden im Voraus zubereitet werden, ohne matschig zu werden. Nur die Äpfel erst kurz vor dem Servieren untermischen.

Krebsfest /

Krebse

Kräftor

Zu einem Krebsfest gehören vor allem: Berge von Krebsen. Gegart werden sie in einem salzig-süßlichen Sud, der durch viel Dill ein feines Anisaroma bekommt. Die Schweden haben ihre ganz eigene Art, die Krebse zu essen. Sie lutschen zuerst den Sud von den Panzern ab, bevor sie sie knacken.

Für 4–6 Personen /
ohne Milchprodukte /
Vorbereitung: 1 Stunde 30 Minuten /
Ruhezeit: über Nacht /
Garzeit: 30 Minuten /

3 kg lebende Krebse
500 ml dunkles Starkbier
300 g Meersalz
20 ausgewachsene Stängel Dill, plus einige Dillspitzen zum Garnieren
3 EL Zucker

In einem großen Topf mit frischem Wasser die lebenden Krebse 1 Stunde wässern. Abgießen, abspülen und 20 Minuten ins Gefrierfach legen.

Sämtliche Zutaten mit Ausnahme der Krebse in einem großen Topf mit 5 l Wasser zum Kochen bringen. Die Krebse aus dem Gefrierschrank nehmen und in den kochenden Sud geben. Abgedeckt sanft 5 Minuten köcheln lassen.

Die Spüle zur Hälfte mit Eiswürfeln und kaltem Wasser füllen. Den Topf zum Abkühlen 2 Stunden hineinstellen, dabei alle 30 Minuten frische Eiswürfel ins Wasser geben. Über Nacht in den Kühlschrank stellen. Vor dem Servieren den Sud abgießen. Die Krebse auf Platten anrichten und mit Dillspitzen garnieren.

Mittsommersalat

Midsommarsallad

Es tut mir immer leid, dass Gemüse beim Grillen die zweite Geige spielt. Meistens wird schnell ein Salat zusammengeworfen, vielleicht auch etwas Gemüse auf den Grill gelegt. Aber das haut niemanden vom Hocker. Dabei bekommt Gemüse auf dem Grill ein herrlich rauchiges Aroma – allerdings nur, wenn man es bei schwacher Glut gart. Ich habe für dieses Rezept auch schon anderes Gemüse verwendet, das gerade im Haus war: Kürbis, Auberginen, Tomaten ... es gibt endlose Möglichkeiten!

Für 6 Personen /
vegetarisch / glutenfrei /
Vorbereitung: 30 Minuten /
Garzeit: 20–30 Minuten /

1 kg ungeschälte Rote Beten (große Knollen), vorgegart

2 Maiskolben mit Hüllblättern (möglichst 30 Minuten zuvor in Wasser gelegt)

4 Köpfe Mini-Romanasalat, gewaschen und halbiert

4 Frühlingszwiebeln

200 g neue vorwiegend festkochende Kartoffeln, gewaschen und in 1 cm dicke Scheiben geschnitten

2 EL extra-mildes Raps- oder helles Olivenöl, plus etwas mehr zum Beträufeln

Meersalz und schwarzer Pfeffer

4 EL griechischer Joghurt

1 kleine Handvoll frischer Dill, gehackt

Wenn die Grillkohlen glühen, die Roten Beten und Maiskolben direkt in die Glut legen. Salat, Frühlingszwiebeln und neue Kartoffeln mit dem Öl vermischen und auf den Grillrost legen.

Das Gemüse alle 2–3 Minuten wenden, damit es gleichmäßig gar wird. Salat und Zwiebeln vom Rost nehmen, wenn sie schön gebräunt sind. Maiskolben und Rote Bete aus der Glut nehmen, wenn sie rundherum schwarz sind.

Die Roten Beten leicht abkühlen lassen, die schwarze Schale abpellen. Dann 1 Knolle raspeln, mit Salz und Pfeffer abschmecken und mit dem Joghurt verrühren. Die restlichen Roten Beten in Spalten schneiden.

Die Hüllblätter von den Maiskolben ablösen. Die Körner mit einem scharfen Messer von den Maiskolben schneiden. Mais, Salat, Frühlingszwiebeln und Kartoffeln mit etwas Öl beträufeln und abschmecken.

Auf einer Servierplatte den Rote-Bete-Joghurt verteilen. Das Gemüse darauf anrichten und mit dem Dill garnieren.

Tipps / Verwenden Sie große Rote-Bete-Knollen, damit sie außen schön rauchig werden, ohne komplett zu verbrennen.

Die Maiskolben weiche ich in Wasser ein, damit die Hüllblätter auf den glühenden Kohlen nicht so schnell verbrennen. Sie sollen die Körner im Inneren schützen.

Hähnchentopf mit Erbsen und Kartoffeln

Ärtor, potatis och kyckling i en gryta

Ich glaube, langsam geschmortes Hähnchen wird überall auf der Welt gern gegessen. Dieses Gericht koche ich gern an kalten Tagen, die es in Schweden im Winter wie im Sommer gibt. Die pikante grüne Sauce macht Anleihen beim argentinischen Chimichurri, das ich lieben gelernt habe, als ich in Buenos Aires mal ein Pop-up-Restaurant betrieben habe. Hier wird statt mit Chili mit Meerrettich gewürzt, der in Sachen Schärfe allerdings gut mithalten kann. Beim Reiben von frischem Meerrettich habe ich schon eine Menge Tränen vergossen.

1 ganzes Hähnchen (etwa 1,25 kg)
Meersalz
2 Maiskolben
3–4 EL Rapsöl
2 Zwiebeln, gewaschen, ungeschält halbiert
1 Lorbeerblatt
500 g neue vorwiegend festkochende Kartoffeln, abgebürstet
200 g Erbsen (TK)
200 g Zuckerschoten

Für die Sauce:
2 EL frisch gehackte Petersilie
1 Frühlingszwiebel, fein gehackt
2 EL frisch geriebener Meerrettich
2 EL Schnittlauchröllchen
4 EL Weißweinessig
150 ml extra-mildes Raps- oder helles Olivenöl

Für 4–6 Personen /
ohne Milchprodukte / glutenfrei /
Vorbereitung: 30 Minuten /
Garzeit: 2 Stunden /

Das Hähnchen mit einer Geflügelschere in acht Stücke teilen: Mit der Brust nach oben auf ein großes Schneidebrett legen. Eine Keule vom Rumpf wegziehen, um das Gelenk zu finden. Die Haut zwischen Brust und Keule einschneiden. Die Keule aus dem Gelenk drehen, dann das Fleisch ganz durchschneiden. Ober- und Unterkeule ebenso am Gelenk trennen. Mit der anderen Keule wiederholen.

Die Flügel vom Rumpf wegziehen und die Haut auf beiden Seiten einschneiden. Die Flügel aus den Gelenken drehen, dann das Fleisch ganz durchschneiden. Das Hähnchen umdrehen und mit einer Schere auf beiden Seiten der Wirbelsäule durchschneiden. Die Wirbelsäule entsorgen. Dann durch das Brustbein schneiden, um die Brust zu halbieren.

Das Hähnchenfleisch kräftig mit Salz bestreuen. Die Hüllblätter von den Maiskolben entfernen

(gegebenenfalls), dann jeden Maiskolben in vier Stücke von ungefähr gleicher Größe teilen.

In einem großen Schmortopf 2–3 EL Öl erhitzen und die Fleischstücke darin in zwei Portionen rundherum goldbraun anbraten. Gegebenenfalls zwischendurch etwas Öl hinzufügen. Alle angebratenen Fleischstücke, Mais, Zwiebeln und Lorbeerblatt in den Schmortopf legen und so viel Wasser angießen, dass alles knapp bedeckt ist. Zum Kochen bringen und abdecken.

Alles 30 Minuten köcheln lassen, dann die Kartoffeln dazugeben. Weitere 10–15 Minuten köcheln lassen, bis die Kartoffeln gar sind. Mit Salz abschmecken. Kurz vor dem Servieren die Erbsen und die Zuckerschoten hinzufügen.

Sämtliche Zutaten für die Sauce verrühren. Mit Salz abschmecken und separat zum Hähnchentopf servieren.

Tipps / Falls Reste übrig bleiben, das Fleisch von den Knochen lösen, wieder in den Sud geben und gekochte Nudeln hinzufügen – fertig ist ein superschneller Eintopf.

Die Sauce passt auch zu anderen Fleischsorten oder zu gegrilltem Halloumi, und sie schmeckt sogar als Salatdressing.

Vorbereiten / Wenn das Gericht am Vortag zubereitet wird, hat das Fleisch umso mehr Zeit, sein Aroma zu entwickeln. Erbsen und Zuckerschoten aber erst kurz vor dem Servieren dazugeben.

Västerbottentarte

Västerbottenpaj

Die Briten haben Cheddar, die Franzosen Comté, und die Schweden ihren Västerbotten: einen aromatischen Hartkäse, den man zu Brot essen oder zum Kochen verwenden kann. Der beliebte Västerbotten stammt aus der gleichnamigen Region in Nordschweden. Diese Tarte ist ein typisches Gericht zu Mittsommerfeiern, Krebsfesten und zu Weihnachten. Dabei ist es eigentlich schade, sie nur zur zu Festtagen zu backen, denn man kann sie prima mit grünem Salat zur Arbeit mitnehmen.

Für 8 Personen / vegetarisch /
Vorbereitung: 1 Stunde /
Garzeit: 1 Stunde 5 Minuten /
Zubehör: 1 Quicheform, 21 cm Durchmesser, 4 cm hoch, getrocknete Erbsen zum Blindbacken /

Für den Teig:

130 g Mehl (Type 550)

¼ TL feines Meersalz

1 EL körniger Senf

80 g kalte Butter, gewürfelt, plus mehr für die Form

1 EL Wodka

Für die Füllung:

3 Eier (Größe M)

300 g Schlagsahne

½ TL feines Meersalz

1 TL schwarzer Pfeffer

300 g Västerbotten oder reifer Cheddar, frisch gerieben

1 kleine Zwiebel, geschält und in dünne Ringe geschnitten

Für den Belag:

75 g Butter

250 g Pfifferlinge, abgebürstet

1 kleine Handvoll frische Petersilie, Blätter abgezupft und fein gehackt

Mehl und Salz vermischen, Senf sowie Butter hinzufügen. Alles mit den Fingern bröselig vermengen. Mit Wodka zu einem Teig verkneten. Zwischen zwei Bögen Backpapier legen und größer als die Quicheform kreisförmig ausrollen. Dann 30 Minuten im Kühlschrank kühlen.

Den Backofen auf 180 °C vorheizen. Die Quicheform ausbuttern.

Den Teig aus dem Kühlschrank nehmen und in die Form legen. Ist er zu hart, 5–10 Minuten warten. Den Teig mehrmals mit einer Gabel einstechen. Mit Backpapier auslegen, mit Erbsen bedecken, 20 Minuten blindbacken. Ohne Erbsen und Papier weitere 10 Minuten backen, bis der Teig trocken und fest ist.

Für die Füllung Eier, Sahne, Salz und Pfeffer glatt verrühren. Den Käse einrühren. Auf den

vorgebackenen Boden gießen, mit Zwiebeln belegen und nochmals 25–30 Minuten backen, bis alles gestockt, aber noch etwas weich ist. Abkühlen lassen.

Für den Belag in einer Pfanne die Butter aufschäumen lassen. Die Pilze darin 4–5 Minuten garen, bis sie goldbraun sind. Mit der Petersilie auf der Tarte verteilen.

Vorbereiten / Die Tarte bis zu 2 Tage im Voraus backen, im Kühlschrank aufbewahren. Die Pilze erst kurz vor dem Servieren garen.

Spargelsalat mit Erdbeeren und Hähnchen

Pocherad kyckling med picklad jordgubbssallad

Meine erste Mittsommerfeier in Schweden war in vielerlei Hinsicht eine Premiere. Ich habe zum ersten Mal Schnaps getrunken und Lieder gegrölt, Blumenkränze gewunden und bin um den Maibaum getanzt. Und ich habe zum ersten Mal Erdbeeren in einem herzhaften Salat probiert. Absolut überzeugend, besonders, wenn die Erdbeeren etwas säuerlich sind! Oregano ist nicht typisch schwedisch, aber in meinem Garten wächst er, als wäre er dort zu Hause.

Für 4 Personen als Hauptgericht,
für 6–8 Personen als Vorspeise /
glutenfrei / Vorbereitung: 30 Minuten /
Garzeit: 25 Minuten /

350 ml Milch

1 TL Meersalz

350 ml Gemüsebrühe

2–3 Hähnchenbrustfilets (etwa 600 g) oder Reste vom Brathähnchen

2 EL Weißweinessig

3 EL Rapsöl, plus etwas mehr für das Gemüse

½ TL Zucker

Meersalz

250 g Erdbeeren, halbiert

250 g Cocktailtomaten, halbiert

400 g grüner Spargel, Enden gekappt

200 g junger Blattspinat, gewaschen

einige Stängel frischer Oregano oder Thymian

In einem Topf Milch, Salz und Gemüsebrühe zum Kochen bringen. Das Fleisch darin 20 Minuten sanft köcheln lassen.

Inzwischen Essig, Öl, Zucker und ½ TL Salz verrühren. Mit Erdbeeren und Tomaten vermischen. In einem großen Topf Salzwasser zum Kochen bringen, den Spargel darin 2 Minuten blanchieren, dann sofort in einer Schüssel mit Eiswasser abschrecken, damit er grün bleibt.

Das pochierte Fleisch aus dem Sud nehmen und 10 Minuten ruhen lassen. Spargel und ungegarten Spinat mit etwas Rapsöl und 1 Prise Salz vermischen und auf einer großen Servierplatte anrichten. Das Fleisch in Streifen schneiden, mit Erdbeeren und Tomaten vermengen und auf dem Salat anrichten. Mit Oregano oder Thymian bestreuen und sofort servieren.

Tipp / Vegetarier verwenden gegrillten Halloumi oder servieren den Salat ohne Fleisch.

Vorbereiten / Das pochierte und in Stücke geschnittene Fleisch hält sich luftdicht verpackt einige Tage im Kühlschrank.

Räucherwurst Stroganoff

Korv Stroganoff

Diesen schwedischen Klassiker wird man eher in Kantinen oder als Familienessen antreffen, nicht im Restaurant. Normalerweise wird dazu Reis serviert, aber ich mag ihn lieber mit Pasta. Die Sauce schmeckt mit ein paar (Holunder-)Kapern gleich viel interessanter.

Für 4 Personen /
Vorbereitung: 15 Minuten /
Garzeit: 30 Minuten /

Meersalz

1 EL Butter

1 große Zwiebel, geschält und fein gehackt

350 g Falukorv oder andere Räucherwurst, sehr fein gewürfelt

1 EL Tomatenmark

1 EL Dijonsenf

1 TL Paprikapulver edelsüß

130 g Schlagsahne

schwarzer Pfeffer

400 g Tagliatelle oder Pappardelle

2 EL Holunderkapern (siehe Seite 287) oder normale Kapern

1 Handvoll Schnittlauchröllchen

Für die Pasta in einem großen Topf Salzwasser zum Kochen bringen.

In einem weiteren Topf die Butter zerlassen. Zwiebel und Wurst darin unter gelegentlichem Rühren goldbraun braten. Tomatenmark, Senf, Paprikapulver und Sahne dazugeben, alles 5 Minuten köcheln lassen. Zwischendurch umrühren. Abschließend abschmecken.

Die Pasta im kochenden Wasser 7 Minuten (oder nach Packungsangabe) bissfest garen. Abgießen, dabei 1 Tasse (etwa 80 ml) Kochwasser auffangen.

Pasta-Kochwasser und Kapern zur Wurstsauce geben, umrühren und vom Herd nehmen. Die Pasta in der Sauce wenden, alles mit Schnittlauch bestreuen und sofort servieren.

Vorbereiten / Die Sauce kann (ohne Schnittlauch) am Vortag zubereitet werden. Zum Servieren vorsichtig aufwärmen. Sie kann auch luftdicht verpackt bis zu 1 Monat eingefroren werden. Dann die Pasta frisch kochen, und das Pasta-Kochwasser erst beim Aufwärmen an die Sauce geben.

Haferplätzchen

Havreflarn

Neulich schaute ich bei meinem Schreibwarenladen um die Ecke vorbei. Dort standen Kaffee und Haferplätzchen für die Kunden bereit. Wer greift da nicht gern zu? Die knusprig-süßen Plätzchen waren einfach, aber so lecker, dass ich sie zu Hause sofort nachbacken wollte. Das klassische Rezept enthält Zucker, Mehl und Butter. In meinen sorgen sehr reife Bananen (je reifer, desto besser) für die Süße. Diese Plätzchen überziehe ich gern mit einer dünnen Schicht Schokolade und streue etwas Meersalz darauf. Die Plätzchen an sich sind ja schon gesund genug …

Ergibt 24 Stück /
vegetarisch / ohne Milchprodukte /
Vorbereitung: 30 Minuten /
Backzeit: 20–25 Minuten /
Zubehör: runde Ausstechform, 6 cm Durchmesser /

2 reife Bananen, geschält (200 g)
Meersalz
1 TL gemahlener Zimt oder gemahlene Vanille
150 g Haferflocken, Groß- oder Feinblatt
100 g Milch- oder Zartbitterschokolade zum Glasieren (nach Belieben)

Den Backofen auf 220 °C vorheizen.

Mit einem Stabmixer Bananen, 1 Prise Salz und Zimt oder Vanille glatt pürieren. Dann die Haferflocken gründlich unterrühren.

Zwei Backbleche mit Backpapier auslegen. Die Ausstechform auf das Blech legen und 1 EL Teig darin verstreichen. Wiederholen, bis der Teig verbraucht ist. Sie können auch aus freier Hand Teigkreise auf das Blech streichen – dann aber schön gleichmäßig und etwa 2 mm dick.

Die Plätzchen im Ofen 10–15 Minuten backen, bis die Ränder dunkel goldbraun sind, dann wenden und nochmals 10 Minuten backen.

Vom Blech nehmen und knabbern. Oder zusätzlich noch die Schokolade in Stücke brechen und in einer hitzebeständigen Schüssel über einem Topf mit köchelndem Wasser schmelzen. Die Glasur auf die glatte Unterseite der Plätzchen streichen und nach Belieben mit etwas Meersalz bestreuen.

Vorbereiten / Luftdicht verpackt halten sich die Plätzchen mehrere Tage.

Schokokuchen, auf den Hund gekommen

Kladdkaka

Kennen Sie die Geschichte von den Hausaufgaben, die der Hund gefressen hat? Mein Schokoladenkuchen erlitt ein ähnliches Schicksal. Und es war kein normaler Kuchen! Ich sollte zu einer Mittsommerfeier einen *kladdkaka* mitbringen – eine üppige Leckerei, die eher einem Schokoladenpudding ähnelt. Ist er gelungen, kann man ihn nur mit einem Löffel verspeisen, oder man nimmt die Schokoladenfinger in Kauf. Ich sagte bereitwillig zu. Doch dann erfuhr ich, dass der Kuchen vegan sein musste (weder Milchprodukte noch Eier), außerdem glutenfrei (kein Mehl) und ohne Nüsse oder Mandeln. Das brachte mich ernsthaft ins Grübeln. Ein Schlemmerkuchen ohne alles, aber trotzdem köstlich?

Nach vielen Experimenten gelang mir eine Kreation, über die sich dann beim Fest ein Hund hermachte. Dem Hund ging es gut, dem Kuchen nicht. Zum Dessert gab es stattdessen dann geschmorten Rhabarber mit veganem Vanilleeis.

Für 10–12 Personen /
vegetarisch / glutenfrei /
ohne Milchprodukte / ohne Nüsse /
Vorbereitung: 20 Minuten /
Backzeit: 30 Minuten /
Abkühlzeit 30 Minuten /
Zubehör: runde Backform, 21 cm Durchmesser /

Für den Kuchen:

250 g Datteln, entsteint

90 ml frisch gebrühter Espresso oder sehr starker Kaffee

80 g geschrotete Leinsamen

180 ml Pflanzenöl

1 Dose (400 g) schwarze Bohnen, abgetropft, 120 ml Flüssigkeit auffangen

80 g reines Kakaopulver

Mark von 2 Vanilleschoten

2 TL Backpulver

1 TL Meersalz

Für die Glasur:

2 sehr reife Avocados

4 EL reines Kakaopulver

4 EL (oder mehr) Carob- oder Ahornsirup

1 Handvoll gemischte Beeren zum Garnieren

einige Erdbeer- oder frische Minzblätter zum Garnieren (nach Belieben)

50 g Zartbitterschokolade, geraspelt

Den Backofen auf 200 °C vorheizen. Die Backform mit Backpapier auslegen.

Die Datteln grob hacken, in einer kleinen hitzebeständigen Schüssel mit dem heißen Kaffee übergießen, dann im Mixer zu einer klebrigen Paste pürieren. Die restlichen Zutaten für den Teig dazugeben und alles sehr glatt pürieren.

Den Teig in die vorbereitete Form füllen, die Oberfläche glätten. Dann im Ofen 30 Minuten mittlerer Schiene backen. Ein in der Mitte eingestochenes Stäbchen soll beim Herausziehen noch feucht sein. Den Kuchen 10 Minuten in der Form abkühlen lassen, dann auf ein Gitterrost stürzen und komplett abkühlen lassen.

Für die Glasur das Avocadofleisch aus der Schale lösen. Im Mixer mit Kakaopulver und Sirup pürieren. Abschmecken und nach Belieben mehr Sirup unterrühren.

Kurz vor dem Servieren den Kuchen auf eine Servierplatte setzen, mit einem Palettmesser die Glasur verteilen. Mit Beeren, frischer Minze oder geraspelter Schokolade verzieren.

Tipps / Alternativ kann der Teig auch in einem Muffinblech gebacken werden. Dann beträgt die Backzeit nur 10 Minuten.

Mit Kokosöl bekommt der Kuchen eine zarte Kokosnote. Soll der Schokoladengeschmack jedoch unverfälscht bleiben, ist neutrales Pflanzenöl die bessere Wahl.

Unbedingt sehr reife Avocados verwenden. Nur dann wird die Glasur schön glatt.

Vorbereiten / Der fertig gebackene und noch nicht glasierte Kuchen hält sich fest eingewickelt in Frischhaltefolie einige Tage. Alternativ luftdicht verpackt bis zu 1 Monat einfrieren.

Baiserkränze zu Mittsommer

Marängkrans

Lange bevor es zum Trend wurde, auf Festivals Blumenkränze im Haar zu tragen, haben die Schweden schon *midsommarkransar* gebunden. Es ist uralter Brauch, dass die jungen Frauen morgens Blumen pflücken und daraus Haarkränze binden, die ihnen Gesundheit für das kommende Jahr bescheren sollen. Meine Blütenkränze kann man allerdings nicht als floristische Meisterwerke bezeichnen ... Wenn es um Kulinarisches geht, sieht das jedoch ganz anders aus.

Ergibt 4 Kränze /
vegetarisch / glutenfrei /
Vorbereitung: 45 Minuten /
Backzeit: 1 Stunde 30 Minuten /
Zubehör: 2 Spritzbeutel mit Blütentülle
und 1-cm-Lochtülle (oder nach Belieben) /

120 g Zucker
2 Eiweiß (60 g), zimmerwarm
2–3 Tropfen Zitronensaft
150 g Schlagsahne
2 EL Puderzucker, gesiebt
1 TL Zitronenabrieb
einige frische Beeren (etwa (Wald-)Erd-, Heidel- oder Preiselbeeren)
essbare Blüten (etwa Holunderblüten, Rosenblütenblätter, Veilchen)
frische Minze- oder Erdbeerblätter

Den Backofen auf 200 °C vorheizen.

Ein Backblech mit Backpapier auslegen. Den Zucker darauf streuen und im Ofen in 10 Minuten gerade so schmelzen lassen.

Inzwischen mit einem elektrischen Handrührgerät oder in der Küchenmaschine die Eiweiße schaumig aufschlagen. Den Zitronensaft dazugeben. Das Gerät auf höchste Stufe stellen und den angeschmolzenen Zucker langsam in etwa esslöffelgroßen Portionen zugeben. Schlagen, bis der Zucker ganz aufgelöst und abgekühlt ist.

Die Masse soll fest sein und glänzen. In einen Spritzbeutel mit Blütentülle füllen. Alternativ in einen Einweg-Spritzbeutel füllen und eine 1,5 cm große Öffnung schräg abschneiden. Den Schlitz beim Spritzen nach oben drehen.

Den Ofen auf niedrigste Temperatur einstellen (etwa 70 °C), damit die Baisermasse trocknet, aber nicht bräunt.

Auf einem Bogen Backpapier vier Kreise von 10 cm Durchmesser zeichnen, dazwischen so viel Platz wie möglich lassen. Das Backpapier zwischen den Kreisen zerschneiden. Es ergeben sich also vier Papierstücke mit je einem Kreis darauf. Die Baisermasse mit kleinen, kreisförmigen Bewegungen (siehe Tipps) auf die Kreislinie spritzen, dabei das Papier so drehen, dass es gut zur Hand liegt. Die Kränze auf ein Backblech legen und 1½ Stunden im Ofen mehr trocknen als backen, bis sie außen fest sind und sich leicht vom Backpapier lösen lassen.

Die Sahne mit Puderzucker und Zitronenabrieb schlagen, bis die Masse steife Spitzen zieht. Dann in einen Spritzbeutel mit 1-cm-Lochtülle oder in einen Gefrierbeutel füllen und an einer Ecke eine 1 cm große Öffnung abschneiden. Die Sahne auf die abgekühlten Baiserkränze spritzen. Mit Beeren, Blüten und Blättern garnieren.

Tipps / Wer wenig Übung im Umgang mit dem Spritzbeutel hat, kann auch einfach einen relativ breiten Kreis aus Baisermasse auf das Backpapier spritzen.

Verwenden Sie nur Blüten, die man bedenkenlos essen kann und die nicht gespritzt wurden.

Vorbereiten / Die Baiserkränze können luftdicht verpackt einige Tage aufbewahrt werden. Die Sahne dann aber trotzdem erst unmittelbar vor dem Servieren darauf verteilen, sonst weicht das Baiser durch.

Hochzeitstorte

Gör-det-själv bröllopstårta

Selbst für versierte Bäckerinnen ist es eine Herausforderung, die eigene Hochzeitstorte zu backen. Trotzdem kam es für mich nicht infrage, diese Aufgabe jemand anderem zu überlassen. Wegen der vielen Gäste konnte ich sie weder am Tag selbst noch am Vortag backen, also musste ich mir ein Rezept überlegen, das sich gut vorbereiten lässt. Ein einfacher Joghurtteig, der saftig bleibt und die Form hält, sollte es sein. Und weil die Gäste nach dem Essen tanzen sollten, statt ins Verdauungskoma zu fallen, entschied ich mich für eine Kombination aus erfrischendem Lemon Curd (liebt mein Mann!) und einem Überzug aus Frischkäse. Fondant fand ich zu süß, Buttercreme zu schwer.

Am Hochzeitstag hat die bezaubernde Tortenkünstlerin April Carter meine Torte kunstgerecht zusammengesetzt und nur zur Hälfte mit Frischkäsecreme überzogen, sodass man noch etwas vom Grundstock sehen konnte. Päonien, wie in meinem Brautstrauß, dienten als Verzierung.

Diese Torte schmeckt immer und ebenso gut zu einer Tasse Tee wie zu einem Glas Champagner.

Für 8 Personen oder mehr / vegetarisch /
Vorbereitung: 30 Minuten /
Ruhezeit: 20 Minuten /
Backzeit: 50–60 Minuten /
Zubehör: 2 runde Backformen, 19 cm Durchmesser /

Für den Lemon Curd (ergibt etwa 450 g):

125 ml Zitronensaft und -abrieb (von 3–4 Bio-Zitronen)
200 g Zucker
3 Eier (Größe M)
1 Prise feines Meersalz
1 TL Speisestärke
100 g Butter

Für den Teig:

Backtrennspray oder Öl für die Formen
240 g weiche Butter
250 g Zucker
4 Eier (Größe M), verquirlt
175 g Joghurt
1 Prise feines Meersalz
Abrieb von 1 Bio-Zitrone
320 g Mehl (Type 405)
1 EL Backpulver

Für die Frischkäsecreme:

300 g weiche Butter
250 g Puderzucker, gesiebt
500 g Frischkäse
frische, ungespritzte Blüten zum Garnieren

In einem Topf sämtliche Zutaten für den Lemon Curd – außer der Butter – bei mittlerer Temperatur unter Rühren erwärmen, bis der Zucker aufgelöst ist. Weiter rühren, bis sich erste Blasen bilden, aber nicht kochen lassen. Vom Herd nehmen und die Butter unterrühren. Nach Belieben durch ein Sieb gießen (ich lasse den Zitronenabrieb drin). In ein sterilisiertes Schraubglas füllen und bis zur weiteren Verwendung kalt stellen. Sie brauchen nicht die ganze Menge für die Torte, aber der Lemon Curd hält sich einige Tage.

Den Backofen auf 180 °C vorheizen. Die Backformen mit einer dünnen Schicht Backtrennspray einfetten oder mit Öl einpinseln. Die Formböden mit Backpapier auslegen.

Für den Teig Butter und Zucker schaumig schlagen. Die Eier einzeln unterrühren. Den Joghurt mit dem Salz glattrühren, dann mit dem Zitronenabrieb zur Eiermasse geben. In einer zweiten Schüssel Mehl und Backpulver vermischen, dann unter die Eiermasse heben.

Den Teig gleichmäßig auf die beiden Backformen verteilen und 30–35 Minuten im Ofen backen, bis an einem in der Mitte eingestochenen Stäbchen kein Teig mehr kleben bleibt. Die Formen auf ein Gitterrost stellen und 5 Minuten abkühlen lassen, dann die Kuchen stürzen und komplett abkühlen lassen. Beide Kuchen mit einem langen Brotmesser quer halbieren, sodass vier Böden entstehen.

Für die Frischkäsecreme in einer Schüssel die Butter weiß-schaumig aufschlagen, dann Zucker und Frischkäse unterrühren.

Einen Tortenboden auf eine Servierplatte legen. Dann einen großen Klecks Frischkäsecreme daraufgeben und gleichmäßig verteilen. Darauf 2 geh. EL Lemon Curd bis zum Rand verstreichen. Den nächsten Boden aufsetzen und ebenso bestreichen, dann dasselbe mit dem dritten Boden wiederholen. Den vierten Boden aufsetzen und die gesamte Torte mit der restlichen Frischkäsecreme überziehen. Die Creme sorgfältig mit einem Palettmesser glätten. Mit frischen, ungespritzten Blüten garnieren.

Tipps / Der Teig schmeckt so gut, dass man ihn ohne Füllung ofenfrisch oder zimmerwarm als Kuchen servieren kann.

Für den Überzug am besten zuerst eine dünne Schicht Creme auf der Oberfläche verteilen, dann 30 Minuten im Kühlschrank fest werden lassen. So entsteht ein glatter, fester Untergrund, auf dem sich die restliche Creme gleichmäßig und glatt verstreichen lässt.

Vorbereiten / Der fertig gebackene, aber noch nicht überzogene Kuchen kann fest in Frischhaltefolie gewickelt 2–3 Tage aufbewahrt oder einige Monate eingefroren werden.

Lemon Curd (im Schraubglas) hält sich einige Tage im Kühlschrank.

Heidelbeersuppe mit Nusskaramell

Blåbärsoppa med karamelliserade nötter

Lange vor der Erfindung von Energydrinks kannten die Schweden schon *blåbärsoppa*, eine Suppe aus Heidelbeersaft, mit Speisestärke gebunden und mit etwas Zucker gesüßt. Seit Smoothies im Trend liegen, sieht man die gelben Packungen mit fertiger Blaubeersuppe seltener in Geschäften, aber auf Winterspaziergänge wird sie immer noch gern in Thermosflaschen mitgenommen. Ich verwende zum Andicken statt Speisestärke lieber eine Banane, weil sie auch gleich für die nötige Süße sorgt.

Für 4 Personen /
vegetarisch / glutenfrei /
Vorbereitung: 15 Minuten /
Garzeit: 20 Minuten /

Für die Karamellstückchen:

100 g Walnusskerne
100 g Pekannusskerne
50 g gemahlene Mandeln
50 g Zuckerrübensirup
1 Prise Meersalz

Für die Suppe:

500 g Heidelbeeren (TK)
1 Banane, geschält und in Scheiben geschnitten
1 Prise Meersalz
Zucker oder Honig (nach Belieben)
4 geh. EL Joghurt zum Servieren

Den Backofen auf 200 °C vorheizen. Ein Backblech mit Backpapier auslegen.

Für die Karamellstückchen die Nüsse grob hacken, in Sirup und Salz wenden. Auf dem Backblech verteilen und 20 Minuten im Ofen rösten, zwischendurch umrühren. Die Nüsse sollen rundherum goldbraun sein.

Inzwischen in einem Topf die Heidelbeeren und die Banane mit 2 EL Wasser und dem Salz verrühren. Abgedeckt bei mittlerer Temperatur einige Minuten erhitzen, dabei gelegentlich umrühren. Wenn die Mischung brodelt, weitere 2 Minuten kochen lassen. Im Mixer glatt pürieren. Nach Belieben mit etwas Wasser verdünnen. Wenn die Beeren sehr sauer sind, mit etwas Zucker oder Honig süßen.

Warm oder gekühlt in Schälchen oder Bechern servieren. Mit einem Klecks Joghurt und einigen Karamellstückchen obenauf anrichten.

Tipps / Zum Mitnehmen in der Thermosflasche darf die Suppe nicht zu dick sein. Sonst lässt sie sich schlecht trinken.

Die Suppe schmeckt auch sehr gut als heiße Sauce zu Vanilleeis.

Prinzesstörtchen mit Rosenblüten

Mini prinsesstårta med rosor

Ergibt 9 Stück / vegetarisch /
Vorbereitung: 1 Stunde 30 Minuten /
Kühlzeit: 1 Stunde / Garzeit: 30 Minuten /
Zubehör: flache Backform, 30 cm × 20 cm,
Ausstechformen 7 cm , 15 cm Durchmesser /

Die traditionelle *prinsesstårta* ist quietschgrün mit einem pinkfarbenen Röschen. In schwedischen Bäckereien kann man meist größere Torten oder Stücke davon kaufen. Meine Törtchen haben Portionsformat. Weil ich lieber auf Lebensmittelfarben verzichte, bekommen sie einen hellen Marzipanüberzug und als Dekoration frische Rosenblüten: Eine verführerische Leckerei zu einer feinen Tasse Tee!

Für die Creme:

3 Eigelb (Größe M)

50 g Zucker, 20 g Speisestärke

250 ml Milch

1 Vanilleschote

Für den Biskuit:

50 g Butter, plus mehr für die Form

4 Eier (Größe M)

125 g Zucker

100 g Mehl (Type 405)

Für die Erdbeerfüllung:

200 g Erdbeeren, entkelcht

1 EL Zucker

500 g Schlagsahne

80 g Puderzucker, gesiebt , plus 50 g für die Arbeitsfläche

500 g weiße Marzipanmasse

9 kleine Rosenblüten oder 1 Handvoll Blütenblätter, ungespritzt

Den Backofen auf 180 °C vorheizen. Die Backform mit Backpapier auslegen und die Seiten mit Butter fetten.

Für die Creme Eigelbe und Zucker schaumig schlagen, dann die Speisestärke unterrühren. Die Milch in einen Topf geben. Die Vanilleschote längs aufschlitzen. Das Mark herausschaben, die Hälfte davon für die Schlagsahne aufbewahren. Das restliche Mark und die Schote zur Milch geben und aufkochen. Den Herd abschalten. Die Vanilleschote herausnehmen. Die Eiermasse kräftig rühren, dabei die Milch in dünnem Strahl langsam hineingießen.

Die Mischung in einem sauberen Topf bei mittlerer Temperatur erhitzen. Ständig rühren, sie brennt leicht an. Sobald Blasen aufsteigen, den Topf vom Herd nehmen.

Ein Tablett oder ein tiefes Backblech mit Frischhaltefolie auslegen. Die Creme darauf verteilen und direkt auf der Oberfläche mit Frischhaltefolie ganzflächig abdecken. Mindestens 1 Stunde in den Kühlschrank stellen.

Für den Biskuit die Butter zerlassen, dann abkühlen lassen. Eine große Schüssel auf einen Topf mit leicht kochendem Wasser stellen. Der Schüsselboden darf das Wasser nicht berühren. Eier und Zucker in die Schüssel geben und mit einem elektrischen Handmixer kräftig schlagen. Nach 6–7 Minuten sollte die Mischung hell sein und ihr Volumen verdoppelt haben. Vom Herd nehmen und etwas abkühlen lassen. Das Mehl vorsichtig unterheben. Dann die zerlassene Butter unterrühren. Den Teig vorsichtig in die vorbereite Form geben. Dabei soll möglichst wenig Luft entweichen. Auf der mittleren Schiene des Ofens 12–15 Minuten backen, bis an einem eingestochenen Stäbchen kein Teig mehr haftet. Etwas abkühlen lassen, dann auf ein Gitterrost stürzen und komplett abkühlen lassen.

Inzwischen die Erdbeeren vierteln. In einem Topf mit Zucker sowie 1 Spritzer Wasser abgedeckt 5 Minuten sehr sanft köcheln lassen. Den Deckel abnehmen und noch einige Minuten köcheln lassen, bis das Kompott recht dick ist. In eine Schüssel füllen und abkühlen lassen.

Die Sahne mit dem Puderzucker und dem aufbewahrten Vanillemark steif schlagen.

Aus dem Biskuit mit der Ausstechform neun Kreise ausstechen. In die Mitte jedes Kreises mit einem kleinen Küchenmesser eine Vertiefung schneiden (für das Erdbeerkompott). Creme, Schlagsahne und Erdbeeren griffbereit stellen. Die Creme durchrühren, um eventuelle Klümpchen zu beseitigen.

Mit einem Löffel jeweils in die Vertiefung der Teigkreise etwas Erdbeerkompott setzen. Eine Schicht Creme auf den Erdbeeren verteilen, darauf einen großzügigen Klecks Schlagsahne setzen und mit einem Palettmesser zu einer schönen glatten Kuppel formen. Alle Teigkreise so belegen, dann in den Kühlschrank stellen.

Die Arbeitsfläche großzügig mit Puderzucker bestäuben. Die Marzipanmasse darauf etwa 1 mm dünn ausrollen. Kreise von 15 cm Durchmesser ausstechen oder ausschneiden und direkt auf die Sahnekuppeln legen. Die Seiten vorsichtig andrücken, den unteren Rand sauber abschneiden. Die Törtchen in den Kühlschrank stellen oder sofort servieren. Unmittelbar vor dem Servieren mit frischen Rosenblüten oder anderen Blütenblättern dekorieren.

Tipps / Die Sahnekuppeln lassen sich leichter glätten, wenn man das Palettmesser zwischendurch in heißes Wasser taucht und abtrocknet.

Anstelle des selbstgemachten Erdbeerkompotts kann auch eine gute Konfitüre aus dem Glas verwendet werden.

Als Garnitur eignen sich auch kandierte Rosenblütenblätter. Dafür 1 Eiweiß mit einem winzigen Spritzer Wasser aufschlagen und ungespritzte Blütenblätter von beiden Seiten damit bestreichen. Mit Zucker bestreuen und an einem kühlen Platz einige Stunden trocknen lassen, bis die Blütenblätter spröde sind.

Vorbereiten / Die Törtchen bis zu 2 Tage im Voraus zubereiten und im Kühlschrank aufbewahren. Nur die Rosen erst kurz vor dem Servieren auf die Kuppeln setzen.

Heidelbeerpie

Frukostpaj med blåbär

»Pie« klingt gleich so amerikanisch, doch diese Art von Kuchen ist in den Sommermonaten in Schweden ebenfalls beliebt. In meinem ersten Jahr in diesem Land war ich von den Beerenmengen, die man pflücken konnte, so begeistert, dass ich stets lilafarbene Flecken an Mund und Fingern hatte. Und wenn vom Vortag ein Stück Heidelbeerpie übrig bleibt, esse ich sie gern zum Frühstück mit einem Klecks fettreichem Joghurt. Meine Pie ist etwas gesünder als das schwedische Rezept, da ich Haferflocken verwende (siehe Tipps) und den Teig mit Banane süße. Wer es süßer mag, mischt die Beeren mit etwas Zucker und gibt noch 1 EL Speisestärke dazu, um den austretenden Saft zu binden.

Für 8 Personen /
vegetarisch / glutenfrei /
Vorbereitung: 30 Minuten /
Kühlzeit: 15 Minuten /
Backzeit: 35–40 Minuten /
Zubehör: runde Backform, 20 cm Durchmesser, getrocknete Erbsen um Blindbacken/

160 g weiche, sehr reife Bananen, geschält
weiche Butter für die Form
1 EL Dattel- oder Zuckerrübensirup
½ TL gemahlener Zimt
1 Prise feines Meersalz
250 g glutenfreie Haferflocken, Großblatt, geröstet und gemahlen (siehe Tipps)
100 g kalte Butter, gewürfelt
750 g Heidelbeeren (TK)
1 Ei, verquirlt, zum Bestreichen
2–3 EL Rohrohrzucker
griechischer Joghurt oder Quark zum Servieren

Für den Teig in einer großen Schüssel die Bananen mit Sirup, Zimt und Salz zerdrücken. Gemahlene Haferflocken und Butter unterrühren, dann alles mit den Fingern vermengen. Den Teig zur Kugel formen, sobald er zusammenhält. Den Teig zwischen zwei Bögen Backpapier legen, 3 mm dick ausrollen und 5 Minuten in den Kühlschrank stellen. Dann die gefettete Form damit auslegen. Den überstehenden Rand abschneiden und zur Kugel zusammenkneten. Diese Kugel zwischen zwei Bögen Backpapier 2 mm dünn ausrollen und in den Kühlschrank legen. Die mit Teig ausgelegte Form 10 Minuten in den Kühlschrank stellen.

Den Backofen auf 220 °C vorheizen. Backpapier auf den Teig legen, Erbsen darauf verteilen und den Teig 10 Minuten blindbacken. Erbsen und Backpapier entfernen und den Teig weitere 15 Minuten backen.

Die Form aus dem Ofen nehmen. Die abgetropften Beeren auf den vorgebackenen Boden geben. Den restlichen Teig aus dem Kühlschrank nehmen und in Streifen schneiden. Daraus ein Gitter auf die Heidelbeeren legen und mit verquirltem Ei bestreichen. Mit dem Zucker bestreuen.

Die Pie weitere 10–15 Minuten backen, bis die Oberfläche goldbraun ist. In Stücke schneiden und mit Joghurt oder Quark servieren.

Tipps / Die Haferflocken ohne Fett in einer Pfanne rösten, dann im Mixer fein zerkleinern. Hafer ist von Natur aus glutenfrei, kann aber beim Erzeuger oder bei der Verarbeitung mit glutenhaltigem Getreide in Berührung kommen. Wer sehr empfindlich ist, sollte auf der Verpackung nachlesen, ob die Flocken in einer glutenfreien Umgebung verarbeitet wurden.

Ich verwende tiefgefrorene Heidelbeeren, weil sie in Schweden preiswerter sind als frische. Selbstverständlich können auch frische Beeren verwendet werden.

Toscakuchen mit Pflaumen

Toscakaka med plommon

Für 8–10 Personen /
vegetarisch /
Vorbereitung: 20 Minuten /
Backzeit: 50–60 Minuten /
Zubehör: runde Springform, 21 cm Durchmesser /

Es hat gute Gründe, dass dieser Kuchen in Schweden so beliebt ist. Benannt ist er vermutlich nach der Oper *Tosca* von Puccini. Der Kuchen hat einen mürben Boden, eine knusprige Kruste und eine fein-säuerliche Füllung aus Pflaumen. »Zugabe, Zugabe!« werden Ihre Gäste rufen.

Für den Teig:
150 g Zucker
100 g weiche Butter
3 Eier (Größe M)
250 g Mehl (Type 405)
1 Prise feines Meersalz
2 TL Backpulver
Mark von ½ Vanilleschote
etwa 10 Pflaumen, halbiert und entsteint

Für den Belag:
50 g Butter
50 g Zucker
100 g Mandelblättchen
1 EL Rum (nach Belieben)
2 EL Mehl
3 EL Konditorsahne (mind. 35 % Fettgehalt)
1 Prise Meersalz

Den Backofen auf 180 °C vorheizen. Die Springform mit Backpapier auslegen.

Für den Teig in einer Schüssel Zucker und Butter schaumig schlagen. Die Eier einzeln unterrühren. In einer zweiten Schüssel Mehl, Salz und Backpulver vermischen, dann mit dem Vanillemark unter die Eiermasse heben.

Den Teig in die vorbereitete Springform füllen und mit einem Palettmesser glätten. Die Pflaumenhälften mit der Haut nach unten daraufsetzen. Den Kuchen 30–35 Minuten im Ofen backen. Der Teig sollte dann in der Mitte noch nicht ganz durchgebacken sein.

Inzwischen für den Belag die Butter zerlassen. Vom Herd nehmen, dann mit den restlichen Zutaten verrühren.

Den Kuchen aus dem Ofen nehmen. Die Temperatur auf 200 °C herunterregeln. Den Belag auf den Pflaumen verteilen und den Kuchen weitere 20–25 Minuten backen, bis er eine goldbraune Kruste hat.

Tipp / Statt Pflaumen können Sie ebenso gut Aprikosen, Kirschen oder andere Steinfrüchte verwenden.

HERBST

höst

Der schwedische Herbst schleicht sich stets unbemerkt heran und lässt mich aufschrecken. Gerade habe ich mich aufgewärmt und die langen Tage genossen, da wache ich eines Morgens auf und spüre trotz blitzblauem Himmel eine gewisse Kühle; meist gegen Ende August. Aber mit den kühlen Morgenstunden kommen auch hinreißende Farben – und die Pilze. Das satte Grün der schwedischen Landschaft verwandelt sich in ein Feuerwerk aus Gelb, Orange und Rot. In den Wäldern fallen die bunten Blätter wie Konfetti, und dazwischen findet man mit etwas Glück köstliche Speisepilze. Die Schweden lieben ihre Wälder, die fast die Hälfte des Landes bedecken. *Skogstokig* (wörtlich »waldverrückt«) bezeichnet jemanden, der total verrückt ist. Kürzlich tauchte in den Medien der Begriff »Baden im Wald« auf, angelehnt an die kurzen, entspannten Waldspaziergänge, die in Japan als sehr gesund gepriesen werden. Dieser Begriff könnte auch aus Schweden stammen. Um das Land wirklich zu verstehen, muss man häufig in die Wälder eintauchen.

Erst bei meinem ersten Ausflug in die dichten Wälder Smålands hatte ich zum ersten Mal das Gefühl, Schweden wirklich zu erleben. Nach der Landung in Kopenhagen ging es mit der Bahn über die berühmte Öresundbrücke, die in zahlreichen skandinavischen Krimis auftaucht, und dann zwei Stunden lang vorbei an Wiesen, Seen und Wäldern. An einem kleinen Bahnhof auf dem Land wurde ich abgeholt, und wir fuhren gefühlte Stunden (tatsächlich nur 45 Minuten) durch einen dichten grün-rostbraunen Wald. Es regnete, und das Grau gab der Umgebung etwas Geheimnisvolles, das auch in einen Psychothriller gepasst hätte. Fehlte nur noch mein Mörder. Ich lernte dann viele Einheimische kennen, die mir Einblicke in das Leben auf dem Land verschafften.

Jedes Jahr hoffen die Schweden auf einen sonnigen, milden *Brittsommar,* benannt nach der Heiligen Birgitta (kurz Brit), deren Namenstag am 7. Oktober begangen wird. Ansonsten geht es nun um *höstmys* (herbstliche Gemütlichkeit). Also weg mit den Mottenkugeln aus den dicken Pullovern, Kakaovorräte für die *fika* (Kaffeepause am Nachmittag) werden aufgestockt und Eintöpfe vorgekocht, die wunderbar durchwärmen. Der Seemannstopf auf Seite 186 oder das Graupenrisotto mit Pilzen auf Seite 166 sind genau richtig für diese Zeit. Außerdem wird seit Kurzem am 4. Oktober der *kanelbullens dag* (Zimtweckentag) gefeiert. Ich finde es allerdings fraglich, ob die Schweden einen speziellen Gedenktag für ihre Lieblingswecken brauchen, immerhin liegt der durchschnittliche Pro-Kopf-Verzehr bei 316 Wecken im Jahr! (Auf Seite 201 finden Sie mein Rezept für Wecken mit Himbeermarmelade und Schokolade.)

Fika ist eine feste Größe in der schwedischen Kultur: Am Vor- oder Nachmittag nimmt man sich Zeit für eine Pause bei Kaffee und Wecken. Astrid Lindgren beschreibt einen solchen Moment sehr lebendig in ihrem berühmtesten Kinderbuchklassiker. Pippi Langstrumpf wurde allerdings in den 1940er-Jahren erfunden, und ich bin nicht sicher, ob man heute schwedische Kinder finden würde, die Kaffee trinken …

> »Erster!«, schrie Pippi und war in zwei Sätzen am Tisch. Sie häufte so viele Kuchenstücke, wie sie nur erwischen konnte, auf ihren Teller, warf fünf Zuckerstücke in eine Kaffeetasse, leerte die halbe Sahnekanne in die Tasse und zog sich dann mit ihrem Raub auf ihren Stuhl zurück, noch bevor die Damen sich hatten an den Tisch setzen können.

Da kann ich nur sagen: Genießen Sie *fika* genauso wie Pippi!

Kürbiswaffeln süß & herzhaft

Våfflor gjorda på rostad butternutpumpa

Schwedische Waffeln habe ich zum ersten Mal in Skansen gegessen, das ist Stockholms Variante von einem Zoo mit Vergnügungspark. Dort gibt es einheimische Tiere zu sehen, etwa Elche, Wildschweine und Luchse. Im Museumsdorf führen Handwerker in traditioneller Kleidung den Besuchern vor, wie *knäckebröd* gebacken oder Fisch geräuchert wird. Der Duft frischer Waffeln lockte mich vom Stand mit Wildschweinburgern weg. So eine Waffel mit viel Schlagsahne und Erdbeermarmelade wollte ich unbedingt probieren.

Butternusskürbis ist keine traditionelle Zutat für schwedische Waffeln, aber aufgrund seiner natürlichen Süße kann man die Menge an raffiniertem Zucker im Teig reduzieren. Außerdem lassen sich diese Waffeln auch mit einem herzhaften Belag als Vorspeise oder – dann am besten mit einer knackigen Salatbeilage – als leichtes Hauptgericht servieren.

Ergibt 8 Waffeln /
vegetarisch ohne Kaviar /
Vorbereitung: 15 Minuten /
Ruhezeit: 20 Minuten /
Garzeit: 30 Minuten /
Zubehör: Waffeleisen /

Für die Waffeln:

300 g Butternusskürbis (oder andere süßliche Sorte), im Ofen gegart

100 g Butter, zerlassen und abgekühlt, plus mehr für das Waffeleisen

200 g Buttermilch

200 ml Milch

2 Eier (Größe M)

½ TL gemahlener Zimt (nach Belieben)

1 TL feines Meersalz

200 g Mehl (Type 405)

2 TL Backpulver

Für die süße Version:

Erdbeermarmelade

Schlagsahne, steif geschlagen

Für die herzhafte Version:

4–6 EL Crème fraîche

1 rote Zwiebel, geschält und fein gehackt

2 EL Schnittlauchröllchen

2–4 EL Kalix- oder anderer Kaviar

In einer großen Schüssel das gegarte Kürbisfleisch mit Butter, Buttermilch, Milch und Eiern verrühren. Die restlichen Zutaten sieben und kurz unterheben, aber nicht zu lange rühren, sonst wird der Teig zäh. Den Teig 20 Minuten bei Zimmertemperatur ruhen lassen.

Das Waffeleisen erhitzen und mit zerlassener Butter einfetten (bei Antihaftbeschichtung nicht nötig). In die Mitte eine Kelle Teig geben, den Deckel vorsichtig schließen und die Waffel in einigen Minuten außen knusprig backen. Die genaue Dauer hängt vom Waffeleisen ab.

Kurz abkühlen lassen, dann den süßen oder herzhaften Belag darauf anrichten.

Tipp / Alternativ den Teig zu Pfannkuchen ausbacken. Dafür in einer beschichteten Pfanne je eine kleine Kelle Teig bei mittlerer Temperatur von beiden Seiten goldbraun braten.

Vorbereiten / Der Teig kann am Vortag zubereitet und im Kühlschrank aufbewahrt werden. Dann unbedigt 30 Minuten vor der Zubereitung herausnehmen, damit die Waffeln schön locker werden.

Bratäpfel mit Speck & Pflaumen

Äpplen fyllda med bacon och katrinplommon

Durchwachsener Speck, mit Zwiebeln und Äpfeln geschmort, wird in Schweden gern als schnelles Mittagessen serviert. Diese Geschmackskombination ist wirklich unschlagbar. Meine Variante bekommt durch die Trockenpflaumen noch etwas mehr Süße. Eine einfache und köstliche Vorspeise!

Für 4–6 Personen /
Vorbereitung: 20 Minuten /
Garzeit: 30 Minuten /

1 Scheibe Brot (gern altbacken)
4 Scheiben durchwachsener Speck, fein gewürfelt
2 EL Butter
½ TL gemahlener Piment
1 rote Zwiebel, geschält und sehr fein gehackt
4 mittelgroße oder 6 kleine Äpfel (etwa Boskop)
4 essfertige Trockenpflaumen, fein gehackt
2 EL fein gehackte Petersilie

Den Backofen auf 170 °C vorheizen. Wenn er heiß ist, die Brotscheibe auf ein Backblech legen und hineinschieben. Herausnehmen, sobald das Brot trocken ist.

In einer Pfanne Speck, etwas Butter, Piment und rote Zwiebel bei mittlerer Temperatur braten, bis die Zwiebel weich und der Speck goldbraun ist. In eine Schüssel füllen. Die Pfanne beiseitestellen (nicht auswaschen).

Von den Äpfeln einen Deckel abschneiden. Das Kerngehäuse sowie etwas Fruchtfleisch mit einem Löffel herauslösen. Dabei nicht zu nah an die Schale kommen, die »Wand« muss einige Millimeter dick bleiben.

Etwas von dem ausgelösten Fruchtfleisch fein hacken und mit den Trockenpflaumen zum Zwiebel-Speck geben. Gut verrühren. Die Mischung in die Äpfel füllen und die Deckel aufsetzen. Die Äpfel in einen Bräter setzen und im Ofen 15–20 Minuten backen, bis die Äpfel weich sind, aber noch ihre Form halten.

Inzwischen das Brot grob reiben und mit etwas Butter in der benutzten Pfanne 2–3 Minuten braten, bis die Brösel hell goldbraun sind.

Jeden Apfel auf einen Teller setzen, mit Bröseln und Petersilie bestreuen.

Vorbereiten / Die Äpfel können einige Stunden zuvor gefüllt und gebacken werden. Im Kühlschrank aufbewahren. Ich wärme sie dann vor dem Servieren noch einmal auf.

Steinpilztoast mit Speck

Karljohansvamps-toast med bacon och timjan

Mein Mann stammt aus Småland (Ikea übrigens auch), wo es riesige Wälder gibt. In der Steinpilzsaison schnappe ich mir die Gummistiefel, einen Korb und los geht die Jagd. Kann ich sie den cleveren Einheimischen vor der Nase wegschnappen, esse ich Steinpilze besonders gern roh mit ausgelassenem Speckfett (nicht zu wenig) und frischem Thymian aus dem Garten.

1 EL Rapsöl
8 Scheiben durchwachsener Speck
2 Steinpilze
2 große Scheiben Sauerteigbrot
2 EL Butter
4 Zweige frischer Thymian (am besten mit Blüten)
schwarzer Pfeffer

Für 2 Personen /
Vorbereitung: 5 Minuten /
Garzeit: 5–10 Minuten /

In einer großen beschichteten Pfanne das Öl bei mittlerer Temperatur erhitzen. Die Speckscheiben darin nebeneinander von beiden Seiten knusprig braten. Gegebenenfalls portionsweise braten. Inzwischen die Steinpilze in sehr dünne Scheiben schneiden oder hobeln. Das Brot toasten.

Das getoastete Brot mit Butter bestreichen und auf Teller legen. Auf jede Brotscheibe 2 Scheiben gebratenen Speck legen, darauf die Pilzscheiben häufen. Mit dem Speckfett aus der Pfanne beträufeln und mit den restlichen knusprigen Speckscheiben belegen. Mit Thymianblättern (und möglichst auch Blüten) bestreuen, mit schwarzem Pfeffer würzen und sofort servieren.

Kürbis-pfannkuchen

Raggmunk

Für dieses Rezept, das entfernte Verwandtschaft mit Schweizer Rösti hat, werden normalerweise geraspelte Kartoffeln unter den Pfannkuchenteig gerührt. Ich habe jedoch stattdessen Butternusskürbis verwendet. Dazu gehören als Beilage Preiselbeeren, geraspelte Karotten und knusprig gebratener Speck. Wer es süß mag, serviert dazu Apfelmus mit Zimt, einen Klecks Crème fraîche oder eine Kugel Vanilleeis.

Für 4–6 Personen / vegetarisch
Vorbereitung: 15 Minuten /
Garzeit: 30 Minuten /

400 ml Milch
2 Eier (Größe M)
½ TL feines Meersalz
200 g Mehl (Type 405)
600 g Butternusskürbis (ungeschält gewogen)
2–3 Karotten (gern verschiedene Farben)
2 EL Butter
8 Scheiben durchwachsener Speck, knusprig gebraten, zum Servieren
Preiselbeerkompott (siehe Seite 290) zum Servieren

In einer großen Schüssel Milch, Eier und Salz verrühren. Das Mehl sieben und klümpchenfrei unterrühren, dann beiseitestellen. Kürbis und Karotten schälen, jeweils in getrennte Schüsseln raspeln. Den Kürbis unter den Teig rühren. Die Karotten beiseitestellen.

Den Backofen auf 145 °C vorheizen. In einer beschichteten Pfanne etwas Butter erhitzen. Wenn sie brutzelt, eine Kelle Teig hineingeben und zu Kreisen von etwa 9 cm Durchmesser verstreichen. Die Pfannkuchen in 2–3 Minuten goldbraun braten, dann wenden und die andere Seite 2–3 Minuten braten. Fertige Pfannkuchen im Ofen warm halten, bis der gesamte Teig verarbeitet ist.

Mit knusprigem Speck, geraspelten Karotten und einem Klecks Preiselbeerkompott servieren.

Tipps / Statt Butternusskürbis können Sie andere Kürbissorten, Karotten oder Süßkartoffeln verwenden.

Noch herzhafter wird der Teig mit etwas geriebenem Käse. Hierfür lassen sich Reste wunderbar verarbeiten.

Braune Bohnen auf Toast

Toast med bruna bönor

Für 4 Personen / vegetarisch /
Vorbereitung: 10 Minuten /
Einweichzeit: 8 Stunden oder über Nacht /
Garzeit: 1½ Stunden /

In meiner Pariser Zeit habe ich oft Baked Beans auf Baguette gegessen, wenn ich Heimweh nach England hatte. Nun habe ich die schwedische Version entdeckt. Die schwedischen braunen Bohnenkerne aus der Dose liegen in einer süß-säuerlichen Sauce. Traditionell serviert man sie zu dicken Speckscheiben, und häufig gehören sie auf das *julbord* (Weihnachtstafel). Ich mag sie am liebsten auf Sauerteigbrot, dick mit Butter bestrichen.

Für die Braunen Bohnen:

Meersalz

200 g getrocknete braune Bohnen, ersatzweise Kidneybohnen (siehe Tipp)

1 Zimtstange

1 EL Kartoffelmehl oder Speisestärke

1 EL Apfelessig

1–2 EL Zuckerrübensirup

Zum Servieren:

Sauerteigbrot

weiche Butter zum Bestreichen

4 Eier, weichgekocht

frischer Thymian

In 2 l Wasser 1 EL Salz auflösen. Die Bohnen darin mindestens 8 Stunden (oder über Nacht) einweichen.

Die Bohnen abgießen und mit 1 l Wasser in einen mittelgroßen Topf geben. Etwas Salz und die Zimtstange dazugeben. Abgedeckt etwa 1½ Stunden köcheln lassen, bis die Bohnen gar, aber noch bissfest sind. (Wer sie weicher mag, kocht sie etwas länger.)

Kartoffelmehl oder Speisestärke mit 2 EL Wasser anrühren und zu den heißen Bohnen geben. Kurz aufkochen, dann vom Herd nehmen. Den Essig und 1 EL Sirup unterrühren. Abschmecken und bei Bedarf mehr Sirup oder Salz dazugeben.

Das Brot toasten und mit Butter bestreichen. Auf jeder Scheibe eine Kelle Bohnen und 1 weichgekochtes Ei anrichten. Mit Thymian garnieren.

Tipp / Schwedische braune Bohnen kann man online bestellen. Wenn ersatzweise getrocknete Kidneybohnen verwendet werden, reduziert sich die Garzeit auf 45–60 Minuten.

Vorbereiten / Die zubereiteten Bohnen können luftdicht verpackt mehrere Monate eingefroren werden. Zum Aufwärmen einfach etwas Wasser dazugeben.

Gelbe-Erbsen-Suppe

Ärtsoppa

Diese Suppe habe ich bei Freunden im südschwedischen Skåne kennengelernt. Wir waren den ganzen Tag draußen gewesen, obwohl es bitterkalt war. Als wir mit roten Wangen, triefenden Nasen und Bärenhunger zurückkamen, hat uns diese heiße Suppe wieder aufgewärmt. Eine gesunde Portion süßlicher Senf gehört unbedingt dazu.

Für 6 Personen / glutenfrei /
Vorbereitung: 15 Minuten /
Einweichzeit: 6 Stunden oder über Nacht /
Garzeit: 1½–2 Stunden /

Meersalz und schwarzer Pfeffer
500 g getrocknete gelbe Erbsen (ganz)
1 EL Rapsöl
2 EL gelbe Senfkörner
250 g durchwachsener Speck (am Stück)
4 Lorbeerblätter
1 TL Zwiebelpulver
süßlicher Senf (siehe Seite 15) zum Servieren

In 3 l Wasser 3 EL Salz auflösen. Die Erbsen darin mindestens 6 Stunden oder über Nacht einweichen.

Die Erbsen abgießen, dabei 2 l Einweichwasser auffangen. In einem großen Topf das Rapsöl bei mittlerer Temperatur erhitzen. Die Senfkörner rösten, bis sie zu duften beginnen.

Speck, abgetropfte Erbsen, Lorbeerblätter, Zwiebelpulver und das aufgefangene Einweichwasser dazugeben. Alles 1½–2 Stunden köcheln lassen, bis die Erbsen weich sind. Dann Speck und Lorbeerblätter herausnehmen. Die Suppe mit einem Stabmixer pürieren (ich mag sie gern leicht stückig). Falls die Suppe zu dick ist, etwas Wasser angießen.

Den Speck in mundgerechte Stücke zerpflücken, dabei Fett und Schwarte entfernen. Das Fleisch wieder in die Suppe geben. Mit Salz und schwarzem Pfeffer abschmecken.

Die Suppe am Tisch mit einem großzügigen Klecks süßem Senf servieren.

Tipp / In Schweden werden meist ganze gelbe Erbsen verwendet, die eingeweicht werden müssen. Sie sind online erhältlich. Geschälte Erbsen müssen nicht eingeweicht werden. Diese einfach mit 2 l Wasser in den Suppentopf geben und 40–45 Minuten köcheln lassen.

Vorbereiten / Die Suppe hält sich einige Tage im Kühlschrank, und man kann sie gut einfrieren (darum koche ich häufig die doppelte Menge).

Graupenrisotto mit Pilzen

Svamppölsa

Pölsa heißt dieses nordschwedische Gericht mit Graupen, die – ähnlich wie ein Risotto – in Brühe gegart werden, bevor knusprig gebratenes Hackfleisch und Rote Beten hinzukommen. Traditionell serviert man darauf ein weichgekochtes Ei, das ich aber durch Pilze ersetzt habe. Bei Instagram kann man mit diesem Gericht niemanden begeistern, aber der nussige Geschmack der Gerste ist köstlich und passt ausgezeichnet zu Pfifferlingen.

Für 4–6 Personen / vegetarisch /
Vorbereitung: 30 Minuten /
Garzeit: 30 Minuten /

280 g Perlgraupen

3 EL Butter

1 Zwiebel, geschält und fein gehackt

Meersalz

1 Karotte, geschält und fein gehackt

1 TL gemahlener Piment

1,5 l heiße Gemüse- oder Hühnerbrühe

200 g Pfifferlinge, geputzt

1 Handvoll frische Petersilie, gehackt

5 EL saure Sahne

50 g Västerbotten, reifer Cheddar oder Parmesan, gerieben

In einem großen Topf die Perlgraupen ohne Fett in 3 Minuten goldbraun rösten, dabei häufig umrühren. Aus dem Topf nehmen und beiseitestellen.

Im selben Topf etwas Butter zerlassen. Die Zwiebel darin mit 1 Prise Salz 5 Minuten sanft anschwitzen, dann Karotte und Piment dazugeben. Garen, bis die Zwiebel weich ist. Brühe und geröstete Graupen hinzufügen, alles 20 Minuten köcheln lassen, bis die Graupen gar sind. Zwischendurch umrühren und Brühe angießen, falls die Graupen zu trocken werden.

In einem weiteren Topf 2 EL Butter zerlassen. Wenn sie brutzelt, die Pfifferlinge dazugeben und leicht salzen. In einigen Minuten bei hoher Temperatur goldbraun braten und mit dem Großteil der Petersilie bestreuen.

Kurz vor dem Servieren die saure Sahne unter die Graupen rühren. Die Pilze darauf anrichten und mit geriebenem Käse sowie der restlichen Petersilie bestreuen.

Tipp / Zu dem Graupenrisotto passen auch andere Gemüsesorten. Manchmal rühre ich 1 Handvoll Erbsen (TK) unter oder ersetze die Pilze durch zerpflückten Räucherfisch. Ein tolles Rezept, um Reste zu verwerten!

Herbstliche Buddha-Bowl

Höstig Buddha bowl

Für meinen Geschmack kommt der Herbst immer viel zu früh. Kaum hat man sich an warme Tage gewöhnt, fallen schon die Blätter. Wenn es kühler wird, bekomme ich Appetit auf herzhafte Gerichte wie diese Bowl, welche die Fülle der Waldpilze feiert.

Meersalz

320 g Dinkel- oder Wildreis

1 EL natives Olivenöl extra

1 EL Apfelessig

1 TL Zucker

1 kleiner Apfel (etwa Elstar)

1 große Karotte, in Bänder geschnitten

200 g gemischte Waldpilze (etwa Steinpilze, Pfifferlinge, Maronen), geputzt

2 EL Rapsöl

1 EL Butter

Abrieb von ½ Bio-Zitrone

4 Eier (Größe M)

3 EL Sonnenblumenkerne

eingelegte Zwiebeln (siehe Seite 286)

schwarzer Pfeffer

Für 4 Personen / vegetarisch /
Vorbereitung: 20 Minuten /
Garzeit: 15–20 Minuten /

In einem kleinen Topf Wasser mit etwas Salz zum Kochen bringen. Den Dinkelreis darin in 15–20 Minuten bissfest garen. Abgießen, in eine Schüssel geben und mit Olivenöl sowie 1 großzügigen Prise Salz vermischen.

Inzwischen den Apfelessig in eine zweite Schüssel geben. Den Zucker und 1 Prise Salz darin auflösen. Den Apfel entkernen, das Fruchtfleisch in dünne Scheiben schneiden und mit den Karottenbändern in den Essig geben. Alles vorsichtig vermischen.

Die Pilze in mundgerechte Stücke schneiden, kleine Pilze im Ganzen lassen. In einer Pfanne Öl und Butter erhitzen. Die Pilze darin goldbraun braten (gegebenenfalls portionsweise arbeiten). Mit dem Zitronenabrieb bestreuen.

In einem Topf mit kochendem Wasser die Eier in 5½ Minuten weichkochen, dann abgießen und kalt abschrecken. Inzwischen in einer Pfanne ohne Fett die Sonnenblumenkerne rösten.

Den Dinkel auf Servierschalen verteilen. Eingelegte Karottenbänder und Apfelscheiben sowie die eingelegten Zwiebeln und die gebratenen Pilze darauf verteilen. Die Eier halbieren und darauf anrichten. Mit den gerösteten Sonnenblumenkernen sowie etwas schwarzem Pfeffer bestreuen und servieren.

Erbsen-Kartoffel-Klöße

Kroppkakor

Diese tennisballgroßen Kugeln sind der Björn Borg unter den Kartoffelklößen. Man kann sie kochen oder braten, mit oder ohne Füllung zubereiten. Jede schwedische Region hat ihre eigene Variante. Klöße aus Småland tauchen unter, wenn man sie ins Wasser legt, und steigen auf, wenn sie gar sind. Bei Klößen von der Insel Öland vor der Ostküste ist es genau umgekehrt. Erbsen sind keine traditionelle Zutat, aber mir gefällt das frische Grün so gut. Ich habe die Füllung weggelassen und serviere die Klöße stattdessen großzügig mit salzig-süßen und würzigen Toppings.

Für 4–6 Personen / glutenfrei /
Vorbereitung: 1 Stunde /
Abkühlzeit: 15 Minuten /
Garzeit: 40 Minuten /

Für die Klöße:

Meersalz

300 g vorwiegend festkochende Kartoffeln, geschält

300 g Erbsen (TK)

2 Eier (Größe M)

½ TL frisch geriebene Muskatnuss

300–350 g Kartoffelmehl

Für das Topping:

1 EL Butter

250 g durchwachsener Speck, fein gehackt

1 Zwiebel, geschält und fein gehackt

1 TL gemahlener Piment

1 TL weißer Pfeffer

1 Handvoll Schnittlauchröllchen

gezuckerte frische Preiselbeeren oder Preiselbeerkompott (siehe Seite 290)

In einem großen Topf mit leicht gesalzenem Wasser die Kartoffeln zum Kochen bringen, dann 15–20 Minuten köcheln lassen, bis sie gar sind. Abgießen und etwas abkühlen lassen.

Inzwischen in einem weiteren Topf die Erbsen mit 1 EL Wasser abgedeckt 2 Minuten garen. Abgießen und mit einem Stabmixer glatt pürieren.

Die Kartoffeln fein raspeln, mit 1 Prise Salz, Erbsenpüree und den Eiern verrühren. Muskatnuss und 300 g Kartoffelmehl untermischen, sodass ein fester Teig entsteht. Wenn der Teig zu weich ist, mehr Kartoffelmehl untermengen.

In einem großen Topf Wasser mit 1 guten Prise Salz zum Kochen bringen. Den Teig zu einer Rolle formen, diese in zwölf Stücke teilen und jedes Stück zu einer Kugel rollen.

Für das Topping in einer großen Pfanne die Butter bei mittlerer Temperatur zerlassen. Speck, Zwiebel und Gewürze darin braten, bis die Zwiebel knusprig und goldbraun ist. Währenddessen die Klöße ins kochende Wasser legen und 5–10 Minuten garen, bis sie fest sind, aber auf Fingerdruck noch etwas nachgeben. Im Zweifelsfall einen Kloß herausnehmen und zerteilen: Er soll innen gar und heiß sein.

Die Klöße sofort mit einer guten Portion des Toppings anrichten, mit Schnittlauch bestreuen. Die Preiselbeeren dazu servieren.

Vorbereiten / Die gekochten Klöße lassen sich gut einfrieren. Zum Auftauen und Erwärmen einfach gefroren in kochendes Wasser legen.

Entenbrust mit Holundersauce und Butterspinat

Stekt ankbröst med smörslungad spenat och flädersås

Was gemeinsam Saison hat, kann bestens zusammen zubereitet werden. Das gilt auch für Wildenten und Holunderbeeren, die im Herbst auf den Markt kommen. Wildgeflügel wird in Schweden gern gegessen. Wildenten sind magerer als ihre Vettern aus dem Stall, und am besten schmecken sie in Butter gebraten. Ich habe dieses Rezept schon mit Wild- und Zuchtente ausprobiert; die säuerliche Holundersauce passt zu beidem gut. Zuchtenten (siehe Foto Seite 174) bekommen wegen der dickeren Fettschicht eine knusprigere Haut.

Für 2 Personen als Hauptgericht,
für 4 Personen als Vorspeise /
glutenfrei /
Vorbereitung: 30 Minuten /
Garzeit: 1 Stunde /

340 g Entenbrust mit Haut (2–3 Stück, je nach Größe)

Für die Holundersauce:

1 kg frische Holunderbeeren, gewaschen
250 ml Rotweinessig
1 EL Butter
5 schwarze Pfefferkörner, grob zerstoßen
3 Wacholderbeeren
1 TL Zucker
1 rote Zwiebel, geschält und in dünne Ringe geschnitten
Meersalz

Für den Butterspinat:

500 g Blattspinat (TK)
1 EL Butter
½ TL frisch geriebene Muskatnuss
Meersalz

Den Backofen auf 200 °C vorheizen. Das Entenfleisch aus dem Kühlschrank nehmen, damit es Zimmertemperatur annimmt.

In einer Ofenform Holunderbeeren und Essig 30 Minuten im Ofen garen. Ein Sieb mit einem alten, aber sauberen Geschirrtuch auslegen (es ist danach unwiderruflich verfärbt). Die Beeren durch das ausgelegte Sieb gießen, dabei den Saft auffangen.

In einem Topf etwas Butter zerlassen. Zerstoßene Pfefferkörner, Wacholderbeeren, Zucker und rote Zwiebel darin garen, bis die Zwiebel weich ist. Den Holunderbeersaft hinzufügen und alles 20 Minuten köcheln lassen, bis die Sauce auf die Konsistenz von Sahne reduziert ist und auf der Rückseite eines Löffels einen glänzenden Film bildet.

Inzwischen die Haut der Entenbrüste mit einem scharfen Messer anritzen – aber nicht bis ins Fleisch schneiden. Kräftig salzen. Eine große Pfanne ohne Fett stark erhitzen. Wenn sie so heiß ist, dass man die Hand nicht mehr kurz darüber halten kann, die Entenbrüste mit der Haut nach unten hineinlegen. Den Herd auf mittlere Temperatur herunterregeln. Die Entenbrüste von jeder Seite 4–5 Minuten goldbraun braten. Wenn Sie zwischendurch Fett abgießen, sollten Sie es auffangen, denn es eignet sich hervorragend für Bratkartoffeln. Das gebratene Fleisch aus der Pfanne nehmen, in Alufolie wickeln und auf einem vorgewärmten Teller 10 Minuten ruhen lassen.

In einem Topf den gefrorenen Spinat mit etwas Wasser abgedeckt 5 Minuten köcheln lassen, dann die Butter dazugeben. Mit Muskatnuss und etwas Salz abschmecken.

Das Fleisch in dünne Scheiben aufschneiden, mit dem Spinat anrichten und die Sauce dazu servieren.

Tipp / Wildente ist viel magerer als Zuchtente, darum muss sie unbedingt mit Öl oder Butter gebraten werden.

Vorbereiten / Die Holundersauce kann einige Tage zuvor gekocht und luftdicht verpackt im Kühlschrank aufbewahrt werden. Vor dem Servieren langsam in der Pfanne aufwärmen, in der die Entenbrüste gebraten wurden.

Saltimbocca vom Hirsch

Hjort saltimbocca

Die Jagd gehört in Schweden zur Kultur, Wild ist also wichtiger Bestandteil der Küche. Einige meiner Freunde sind in abgelegenen Gegenden aufgewachsen, wo Wild täglich auf den Tisch kam, Hähnchen dagegen nur zu besonderen Anlässen. Schweden ist über 1500 Kilometer lang und hat nur knapp 10 Millionen Einwohner. Würde man es auf der Landkarte nach unten spiegeln, reichte es bis Rom. Es liegt also besonders in einsamen Gegenden nahe, das zu essen, was vor der Tür zu finden ist, statt 45 Minuten bis zum nächsten Supermarkt zu fahren.

Für 2–4 Personen mit Beilagen / glutenfrei / Vorbereitung: 5 Minuten / Garzeit: 15 Minuten /

4 Hirschmedaillons (à 100 g)

1 EL Butter

3 rote Zwiebeln, geschält und in dünne Ringe geschnitten

Meersalz

12 frische Salbeiblätter

8 Scheiben durchwachsener Speck

1 EL Rapsöl

125 ml Weißwein

Das Fleisch aus dem Kühlschrank nehmen, damit es Zimmertemperatur annimmt.

In einer Pfanne die Butter erhitzen. Die Zwiebeln mit 1 Prise Salz darin 10–15 Minuten anschwitzen, dann beiseitestellen.

Inzwischen Frischhaltefolie auf ein Schneidebrett legen. Die Hirschmedaillons darauflegen und mit Frischhaltefolie bedecken. Mit einem Rollholz 1 cm dünn klopfen. Auf jedes Medaillon 2 Salbeiblätter legen, dann mit Speckscheiben umwickeln, mit Zahnstochern fixieren.

Eine große Pfanne bei mittlerer Temperatur erhitzen, das Öl hineingeben und die Medaillons von jeder Seite 3–4 Minuten darin braten. Etwa 2 Minuten vor Ende der Garzeit mit Weißwein ablöschen, dann noch 1 Minute köcheln lassen. Die Zwiebeln wieder dazugeben und durchwärmen. Das Fleisch auf Teller legen und 2 Minuten ruhen lassen.

Mit dem Sud aus der Pfanne übergießen und mit den Zwiebeln anrichten. Dazu schmecken in Butter geschwenkte Kartoffeln.

Vorbereiten / Das Fleisch am Vortag klopfen und mit Speck umwickeln, fest in Frischhaltefolie verpacken und im Kühlschrank aufbewahren.

Fleischbällchen

Köttbullar

Hier kommt endlich Schwedens berühmtester kulinarischer Export. Sogar meine Verwandten in Singapur gehen zu Ikea, um sie zu essen. Die Fleischbällchen sind aber nicht nur für Leute gemacht, die Teelichter oder günstige Möbel kaufen wollen, sondern gehören tatsächlich zur schwedischen Alltagsküche. Als ich bei Freunden zum Abendessen eingeladen war, wurden die Kinder unter drei Jahren (eine ganze Menge!) zuerst versorgt: mit kinderfreundlichen Bällchen ohne Salz, Butternudeln und gedünstetem Brokkoli. Es war lustig, einen Zwerg mit gerade einmal vier Zähnen zu beobachten, wie er vergnügt seine Fleischbällchen mümmelte! Mir war klar, dass ein Rezept für Fleischbällchen unbedingt in dieses Buch gehört (obwohl die Bohnenbällchen auf Seite 182 auch sehr lecker sind). Achtung, dieses Rezept ist für eine doppelte Portion bemessen (siehe Vorbereiten).

Für die Fleischbällchen:

1 TL feines Meersalz
1 TL weißer Pfeffer
2 TL süßlicher Senf (siehe Seite 15)
1 Ei (Größe M)
2 TL Zwiebelpulver
1 TL gemahlener Piment
75 g Schalgsahne
50 g Semmelbrösel
250 g Rinderhackfleisch
250 g Schweinehackfleisch
2–3 EL Butter
frischer Dill zum Servieren (nach Belieben)

Für die Sauce:

3 EL Butter
3 EL Mehl
500 ml Rinderbrühe
100 g Schlagsahne
Meersalz und schwarzer Pfeffer

Ergibt 40–48 Fleischbällchen, für 8 Personen (oder für 4 Personen und zum Einfrieren) / Vorbereitung: 30 Minuten / Garzeit: 30 Minuten /

In einer großen Schüssel Salz, weißen Pfeffer, Senf, Ei, Zwiebelpulver, Piment und Sahne vermischen. Die Semmelbrösel unterrühren und 10 Minuten quellen lassen. Das Hackfleisch gründlich mit der Bröselmischung verkneten. Aus der Masse mundgerechte Bällchen formen.

Den Backofen auf 150 °C vorheizen. In einer großen Pfanne etwas Butter zerlassen, die Fleischbällchen darin portionsweise etwa 10 Minuten braten, bis sie rundherum goldbraun sind. In eine Ofenform legen, mit Alufolie abdecken und im Ofen warm halten.

Für die Sauce in einem Topf 3 EL Butter zerlassen. Wenn sie schäumt, das Mehl unter ständigem Rühren in 1–2 Minuten hellbraun anschwitzen. Die Brühe einrühren und unter ständigem Rühren zum Kochen bringen, bis die Sauce andickt. Die Sahne einrühren, dann noch 2 Minuten köcheln lassen, salzen und pfeffern und vom Herd nehmen.

Die Fleischbällchen mit einigen Löffeln Sauce und Dill (nach Belieben) servieren. Dazu passen eingelegte Gurken (siehe Seite 288), Preiselbeeren und sahniges Kartoffelpüree oder Salzkartoffeln.

Vorbereiten / Das Rezept ist für die doppelte Menge Fleischbällchen bemessen, weil sie sich so wunderbar einfrieren lassen. Dafür die Bällchen fertig garen, abkühlen lassen und nebeneinander in eine Gefrierbox legen. Zum Auftauen einfach gefroren in einer Ofenform mit Alufolie bedecken und 30 Minuten bei 180 °C in den Backofen schieben. Einen Zahnstocher in die Mitte einstechen und herausziehen. Wenn er sich heiß anfühlt, sind die Fleischbällchen fertig. Sie schmecken übrigens auch sehr gut in einer fruchtigen Tomatensauce im italienischen Stil.

Bohnenbällchen mit Gemüsepüree

Vegetariska köttbullar med mos på vita bönor

Dies war das erste Rezept, das ich für mein Schwedenkochbuch notiert habe. Die vegetarische Version der *köttbullar* verführt sogar passionierte Fleischfans, wenn man sie mit den typisch schwedischen Beilagen wie Kartoffelpüree, Preiselbeeren und eingelegten Gurken serviert. Meine schwedischen Freunde bestanden darauf, dass ich auch das klassische Rezept ins Buch aufnehme (siehe Seite 178).

Für 4–6 Personen /
vegetarisch /
Vorbereitung: 1 Stunde /
Garzeit: 30 Minuten /

Für die Bohnenbällchen:

20 g getrocknete Steinpilze
Rapsöl
250 g Champignons, fein gehackt
1 kleine Zwiebel, geschält und fein gehackt
1 Dose (400 g) schwarze Bohnen
1 Dose (400 g) Kidneybohnen
1 TL gemahlener Piment
½ TL schwarzer Pfeffer
½ TL Meersalz
2 EL geschrotete Leinsamen
75 g Semmelbrösel
frischer Dill zum Servieren (nach Belieben)

Für das Gemüsepüree:

1 Kopf Blumenkohl ohne Blätter
1 Dose (400 g) weiße Bohnen, abgetropft
50 g Schlagsahne (oder laktosefreie Sahne)
Meersalz und weißer Pfeffer

Für die Sauce:

2 EL Speisestärke
1 TL Marmite oder Hefeextrakt
schwarzer Pfeffer
30 g Schlagsahne (oder laktosefreie Sahne)
Saft von ½ Zitrone
Meersalz

Für die Bohnenbällchen die Steinpilze in 500 ml heißem Wasser 30 Minuten einweichen. Inzwischen in einer Pfanne 1 EL Öl erhitzen. Die Champignons und die Zwiebel darin 10 Minuten anschwitzen.

Währenddessen die Bohnen abtropfen, dabei 100 ml Wasser auffangen. Piment, Pfeffer, Salz und Leinsamen mit dem Bohnenwasser verrühren. Die Bohnen dazugeben und mit einem Kartoffelstampfer fein zerdrücken.

Für das Gemüsepüree den Blumenkohl in Röschen zerteilen und im Dämpfkorb 10 Minuten dämpfen, dann abgedeckt beiseitestellen.

Die Steinpilze abgießen (das Wasser dabei auffangen), fein hacken und mit den Semmelbröseln zur Bohnenmasse geben. Gründlich vermischen, dann mundgerechte Bällchen aus der Masse formen.

Den Backofen auf 120 °C vorheizen. In einer Pfanne 1 EL Rapsöl bei mittlerer Temperatur erhitzen. Die Bällchen darin einige Minuten rundherum knusprig braten. In einer Ofenform mit Alufolie bedecken und im Ofen warm halten.

Inzwischen für die Sauce 2 EL Einweichflüssigkeit von den Pilzen mit der Speisestärke verrühren, beiseitestellen. In der Pfanne, in der die Bohnenbällchen gebraten wurden, das restliche Einweichwasser mit Marmite und 1 guten Prise schwarzem Pfeffer sowie mit der angerührten Speisestärke unter ständigem Rühren zum Kochen bringen.

Die Sauce vom Herd nehmen, sobald sie sämig ist. Die Sahne sowie einige Spritzer Zitronensaft unterrühren. Alles mit Salz und Zitronensaft abschmecken.

Für das Gemüsepüree mit einem Stabmixer den gegarten Blumenkohl mit den weißen Bohnen, Sahne, etwas Salz und weißem Pfeffer pürieren. Das Püree in einem Topf sanft nochmals durchwärmen und abschmecken.

Auf jeden Teller einen Klecks Püree und einige Bällchen geben. Darüber etwas Sauce löffeln. Mit Preiselbeerkompott (siehe Seite 290) und eingelegten Gurken (siehe Seite 288) sowie nach Belieben Dill servieren.

Vorbereiten / Die Bohnenbällchen nebeneinander auf einen Teller legen, einfrieren, dann in einen Gefrierbeutel umfüllen. Zum Servieren noch gefroren in die heiße Pfanne legen und braten. Die Garzeit verlängert sich um einige Minuten.

Wildschwein-burritos

Vildsvinsburritos

In den letzten zehn Jahren haben sich die Wildschweine in Schweden so stark vermehrt, dass sie in manchen Gebieten zur Plage werden und sogar Gärten verwüsten. Seitdem wird Wildschwein häufiger als früher in Restaurants und Supermärkten angeboten. Dieses Rezept koche ich gern, weil es unkompliziert ist und auch Gästen schmeckt, die an den Geschmack von Wild weniger gewöhnt sind.

Für 6–8 Personen /
Vorbereitung: 30 Minuten /
Garzeit: 2 Stunden /

feines Meersalz
1 TL weißer Pfeffer
1 TL gemahlener Piment
1 TL Zwiebelpulver
1,2 kg Wildschwein- oder Schweineschulter, entbeint
2 EL Rapsöl
1 l heiße Hühnerbrühe
einige Zweige frischer Thymian
1 Stück (etwa 8 cm) frischer Meerrettich
250 g saure Sahne
1 Kopf Mini-Romanasalat
etwas Kresse
12–16 schwedische Fladenbrote oder Weizentortillas (je nach Größe)
1 Rezept braune Bohnen (siehe Seite 162) oder 1 Dose (400 g) Kidneybohnen
100 g Västerbotten oder reifer Cheddar, grob gerieben
eingelegte Zwiebeln (siehe Seite 286)

In einer kleinen Schüssel 1 EL Meersalz mit Pfeffer, Piment und Zwiebelpulver mischen. Das Fleisch damit rundherum einreiben. In einem großen Schmortopf das Öl bei mittlerer Temperatur erhitzen. Das Fleisch darin rundherum in einigen Minuten goldbraun braten. Mit heißer Brühe ablöschen, Thymian hinzufügen. Den Herd auf niedrigste Stufe herunterregeln. Den Topf abdecken und das Fleisch 1½ Stunden leicht köcheln lassen, bis es so zart ist, dass es beinahe zerfällt. Aus der Brühe nehmen und etwas abkühlen lassen, dann mit zwei Gabeln zerpflücken. Mit etwas Brühe beträufeln, damit es nicht austrocknet.

Inzwischen den Meerrettich schälen und fein reiben. Mit der sauren Sahne vermischen und mit etwas Salz abschmecken. In den Kühlschrank stellen. Den Salat waschen, trocken schleudern und in Streifen schneiden. Dann in eine Servierschüssel geben und die Kresse darauf verteilen.

Zum Servieren die Fladenbrote oder Tortillas im Backofen bei etwa 90 °C erwärmen. In einem Topf die Bohnen erhitzen. Kidneybohnen aus der Dose zuvor abgießen, abspülen und nach dem Aufwärmen abschmecken. Fleisch, Bohnen, Käse, eingelegte Zwiebeln, Meerrettichsahne und Fladenbrote in separaten Schüsseln auf den Tisch stellen, damit die Gäste ihre Burritos selbst füllen können.

Vorbereiten / Ich finde, das Wildschweinfleisch schmeckt besser und wird zarter, wenn man es am Vortag zubereitet und über Nacht im Kühlschrank ruhen lässt. Dann in einem Topf das zerpflückte Fleisch in der Brühe sanft erwärmen, bis die Flüssigkeit zu köcheln beginnt. Mit einer Zange herausnehmen, in eine Servierschüssel legen und mit etwas Brühe beträufeln.

Schneller Seemannstopf

Sjömansbiff

Viele Schweden haben früher vom Fischfang gelebt. Wer wochenlang auf See ist, kann wahrscheinlich keinen Fisch mehr sehen und hat beim Landgang einen Bärenappetit auf ein ordentliches Stück Fleisch. So oder ähnlich könnte dieses deftige Gericht zu seinem Namen gekommen sein. Es besteht aus nicht viel mehr als der unschlagbaren Kombi aus Rindfleisch, Gemüse, Gewürzen und einem kräftigen Schuss Bier. Eigentlich wird es langsam auf Niedrigtemperatur gegart. Ich habe jedoch eine Version entwickelt, die erheblich schneller fertig ist. Wer mag schon gern lange auf eine leckere, warme Mahlzeit warten?

Für 4 Personen /
Vorbereitung: 30 Minuten /
Garzeit: 40 Minuten /

600 g Rindfleisch aus der Hüfte
Meersalz und schwarzer Pfeffer
4 große Frühlingszwiebeln
1 EL Butter
1 Bund glatte Petersilie
4 Lorbeerblätter
10 Pfefferkörner
10 Pimentkörner
600 g neue Kartoffeln, gewaschen
4 große Karotten, geschält und längs halbiert
200 ml helles Bier
600 ml heiße Rinderbrühe
2 EL Rapsöl
eingelegte Gurken (siehe Seite 288) zum Servieren

Das Fleisch kräftig rundherum mit Salz und Pfeffer bestreuen.

Das Grün der Frühlingszwiebeln abschneiden (für die Garnitur beiseitelegen). Den weißen Teil jeder Zwiebel vierteln und in einem großen Schmortopf mit der Butter bei mittlerer Temperatur einige Minuten anschwitzen. Die Stiele der Petersilie abschneiden und mit Lorbeerblättern, Pfefferkörnern und Piment fest in ein Stück Käseleinen einknoten oder in ein Kräutersäckchen geben. In den Topf geben. Kartoffeln, Karotten und Bier hinzufügen. Alles 5 Minuten köcheln lassen, dann die Brühe dazugießen und weitere 30 Minuten köcheln lassen, bis die Kartoffeln gar sind. Den Backofen auf 200 °C vorheizen.

In einem Bräter das Öl erhitzen. Das Fleisch darin rundherum bräunen, dann im Ofen 5–6 Minuten garen (medium-rare), nach Belieben auch länger (siehe Tipp). Das Fleisch aus dem Ofen nehmen, mit Alufolie abdecken und 8–10 Minuten ruhen lassen.

Die Petersilienblätter und das Grün von den Frühlingszwiebeln fein hacken. Das Fleisch in dünne Scheiben aufschneiden. Kartoffeln und Gemüse mit Kochflüssigkeit in tiefe Teller füllen, Fleischscheiben darauf anrichten und mit Petersilie und Zwiebelgrün garnieren. Eingelegte Gurken separat dazu servieren.

Tipp / Garprobe für Fleisch: Erst auf das Fleisch und zum Vergleich auf den Daumenballen drücken. Daumen und kleinen Finger zusammenlegen: ganz durchgegart. Daumen und Ringfinger: well done. Daumen und Mittelfinger: medium. Daumen und Zeigefinger: medium-rare. Nur Daumenballen: rare/blutig.

Vorbereiten / Das Gemüse am Vortag garen und vor dem Servieren dann behutsam aufwärmen.

Knusprige Kardamomherzen

Kardemummahjärtan

Bevor ich schwedische Backrezepte ausprobierte, kannte ich Kardamom nur aus Currys. Dafür werden die grünen Kapseln zerdrückt und mit Chilischoten und anderen Gewürzen zu einer duftenden Paste verarbeitet. Ich war nie auf die Idee gekommen, Kardamom für süße Rezepte zu verwenden. Beim Design besticht Skandinavien durch seinen Minimalismus, beim Umgang mit Zimt und Kardamom jedoch sind die Schweden kein bisschen zurückhaltend. Kardamomsamen, die in den grünen Kapseln stecken, werden großzügig auf Wecken gestreut. Der würzige Geschmack ist gewöhnungsbedürftig, aber beim Backen zieht ein wunderbarer Duft durchs Haus. Frisch aus dem Ofen hauen sie einen um wie ein Stück von Avicii bei voller Lautstärke, aber wenn sie 1 Tag liegen (in einer Keksdose halten sie sich 1 Woche), werden sie milder.

Ergibt 30–40 Plätzchen
(je nach Größe der Ausstechform) /
vegetarisch /
Vorbereitung: 30 Minuten /
Kühlzeit: 30 Minuten /
Backzeit: 6–9 Minuten /
Zubehör: Ausstechform (etwa herzförmig) /

75 g Zucker
1 Prise feines Meersalz
50 g Frischkäse
75 g weiche Butter
1 Ei (Größe M)
150 g Mehl (Type 405)
125 g Kartoffelmehl
1 Prise gemahlene Vanille
40 g Hagelzucker
20 g Haselnusskerne, geröstet und fein gehackt
10 g Kardamomsamen

In einer Schüssel Zucker, Salz, Frischkäse und Butter luftig aufschlagen. Das Ei trennen, das Eiweiß beiseitestellen. Das Eigelb unter die Buttermischung rühren.

In einer weiteren Schüssel Mehl, Kartoffelmehl und Vanille vermengen. Zu der Buttermasse geben und alles zu einem Teig verarbeiten. Diesen flachdrücken, in Frischhaltefolie wickeln und 30 Minuten in den Kühlschrank legen.

Den Backofen auf 220 °C vorheizen. Zwei Backbleche mit Backpapier auslegen.

Den Teig zwischen zwei Bögen Backpapier 3 mm dünn ausrollen. Herzen (oder andere Formen) ausstechen und auf die Backbleche legen. In einer Schüssel Hagelzucker, Haselnüsse und Kardamomsamen vermischen. Die Plätzchen mit Eiweiß bestreichen und mit der Zucker-Nuss-Gewürzmischung bestreuen.

Die Herzen im Ofen 6–9 Minuten backen. Komplett abkühlen lassen, dann luftdicht verpackt aufbewahren.

Tipps / Alternativ ¼ TL gemahlenen Kardamom verwenden. Wenn Sie Kardamom nicht so gern mögen, bestreuen Sie die Plätzchen mit anderen Gewürzen oder nur mit Zucker und Nüssen.

Hagelzucker ist im gut sortierten Lebensmittelhandel erhältlich, er kann aber auch durch groben braunen Rohrohrzucker ersetzt werden.

Vorbereiten / Luftdicht verpackt halten sich die Plätzchen etwa 1 Woche. Je länger sie ruhen, desto milder wird der Kardamomgeschmack.

Käsekuchen

Ostkaka

Dieses Dessert ist eine Spezialität aus Småland, der Heimat meines Mannes. Mit üblichem Käsekuchen hat dieser Kuchen allerdings nichts gemein. Dieser ist sehr üppig und sahnig, zart-säuerlich, hat ein feines Mandelaroma und eine interessante, leicht körnige Konsistenz – viele Attribute für ein Dessert, das so bescheiden aussieht! Ich musste etwas recherchieren, um dem Geheimnis auf die Spur zu kommen. Der Quark wird mit Lab angesetzt, gemahlene Mandeln sorgen für die Konsistenz und geriebene Bittermandeln für den herrlichen Duft. Das hier ist wirklich ein Seelenfutter, das den Namen verdient. Ich gebe keinen Zucker an die Quarkmasse, weil mir schon die Süße der eingemachten Früchte genügt.

Für 6 Personen /
vegetarisch /
Vorbereitung: 30 Minuten /
Abtropfzeit: 1½ Stunden oder über Nacht /
Backzeit: 15–20 Minuten /
Zubehör: 6 Souffléförmchen /

40 g Mehl (Type 405)

1½ l Milch

1 EL Lab

50 g gemahlene Mandeln

2 Bittermandeln, fein gerieben, oder ½ TL Bittermandelextrakt

100 g Schlagsahne

1 EL Zucker (nach Belieben)

1 Prise feines Meersalz

1 Ei (Größe M)

eingemachte Molte- oder Himbeeren zum Servieren

Schlagsahne zum Servieren (nach Belieben)

In einem Topf das Mehl langsam mit der Milch klümpchenfrei verrühren. Das Lab einrühren. Die Mischung auf 37 °C (Körpertemperatur) erhitzen, dann gerinnt die Milch. Ohne Rühren vom Herd nehmen, 30 Minuten beiseitestellen.

Dann eine große Schüssel mit einem sauberen Geschirrtuch auslegen. Die geronnene Milch hineingießen. Die Zipfel des Tuchs zusammenbinden, sodass ein Sack entsteht. Einen Kochlöffel unter den Zipfeln durchschieben, den Sack so aufhängen, dass die Flüssigkeit abtropfen kann (etwa am Wasserhahn über der Spüle). Mindestens 1½ Stunden oder über Nacht abtropfen lassen.

Den Backofen auf 190 °C vorheizen.

Den Quark aus dem Tuch nehmen und in einer Schüssel glatt rühren. Die restlichen Zutaten gründlich unterrühren. Die Masse in den Soufflé-förmchen im Ofen 15–20 Minuten backen, bis die Oberfläche hell goldbraun ist. Mit Beerenkompott und, nach Belieben, mit steif geschlagener Sahne obenauf servieren.

Vorbereiten / Je länger der Quark abtropft, desto fester und säuerlicher wird er. Man kann das Dessert am Vortag backen und kalt servieren. Dann ist der Käsekuchen fester, aber immer noch schön cremig.

Pflaumensoufflé mit Walnüssen

Soufflé med katrinplommon och valnötter

Dieses Soufflé habe ich nicht in Frankreich, sondern bei Freunden auf einem Bauernhof in Südschweden kennengelernt. Es ist ein klassisches Gericht aus den 1970er-Jahren, das nicht in Vergessenheit geraten sollte. Normalerweise ist die Grundlage von Soufflés eine Creme, unter die Eischnee gehoben wird, dieses Soufflé besteht aber nur aus Eischnee. Den können Sie schlagen, während die Gäste den letzten Schluck Wein vom Hauptgang genießen.

Für 4 Personen /
vegetarisch / glutenfrei /
Vorbereitung: 15 Minuten /
Backzeit: 12 Minuten /
Zubehör: runde ofenfeste Form, etwa 20 cm Durchmesser /

50 g Walnusskerne
3 EL Zucker
1 EL weiche Butter
4 Eiweiß (Größe M)
4 Trockenpflaumen, fein gehackt
1 Prise feines Meersalz

Von den Walnusskernen 2 EL fein hacken und mit 1 EL Zucker vermischen. Die Form ausbuttern, dabei immer vom Boden aufwärts zum Rand streichen (wichtig, damit das Soufflé gleichmäßig aufgeht). Die Form mit der Zucker-Nuss-Mischung ausstreuen. Die restlichen Walnusskerne grob hacken.

Den Backofen auf 220 °C vorheizen.

In einer Küchenmaschine die Eiweiße schlagen. Wenn sie schaumig werden, den restlichen Zucker (2 EL) bei laufendem Motor einrieseln lassen. Sobald der Eischnee steife Spitzen zieht und glänzt, die Trockenpflaumen, die gehackten Walnusskerne und 1 Prise Salz mit einem Spatel unterheben. Die Masse in die Form gießen und die Oberfläche glätten. Das Soufflé auf der mittleren Schiene in den Ofen schieben. Die Temperatur auf 190 °C herunterregeln.

Das Soufflé 12 Minuten backen, bis die Oberfläche schön goldbraun ist. Sofort servieren.

Tipp / Wenn Sie Portionsformen verwenden, beträgt die Backzeit 8 Minuten.

Vorbereiten / Die vorbereitete Form bis zur Verwendung in den Kühlschrank stellen.

Frischer Quark mit Salzkaramell-sauce

Färskost med saltad karamellsås

Messmör heißt ein süß-salziger, goldbrauner Aufstrich, an dem sich in Schweden die Geister scheiden. Manche lieben ihn, andere finden ihn scheußlich. Molke, die bei der Käseproduktion anfällt, wird dafür eingekocht, bis ihre natürlichen Zuckerstoffe karamellisieren. Der Geschmack ist kräftig salzig, karamellig und leicht säuerlich. Wer keinen Käse herstellt (oder den Käsekuchen auf Seite 190 zubereitet), hat normalerweise keine Molke im Haus. Auch die Schweden kaufen *messmör* meist fertig im Supermarkt. Dieses Rezept ähnelt dem Käsekuchen. Durch den Zucker verkürzt sich die Kochzeit, und die Sauce sorgt für etwas mehr Süße. Wer mag, serviert dazu noch frische Früchte.

2 l Milch
50 ml Lab
200 g Puderzucker
1 große Prise feines Meersalz
50 g Haselnusskerne, geröstet und gehackt

Für 4–6 Personen / glutenfrei /
Vorbereitung: 5 Minuten /
Ruhezeit: 30 Minuten /
Garzeit: 50–60 Minuten /

In einem Topf Milch und Lab verrühren und auf 37 °C (Körpertemperatur) erhitzen. Bei dieser Temperatur gerinnt die Milch. Je größer der Topf, desto kürzer die Garzeit. Ohne Rühren vom Herd nehmen, 30 Minuten ruhen lassen.

Ein Sieb mit einem sauberen Geschirrtuch auslegen und auf eine große Schüssel stellen. Quark und Molke ins Tuch geben, die Zipfel zusammennehmen und die Masse ausdrücken. Molke auffangen, Quark beiseitestellen.

Die Molke in einem sehr großen, sauberen Topf zum Kochen bringen. Die Temperatur herunterregeln, bis die Molke noch leicht brodelt. Wenn sie auf die Hälfte reduziert ist, mit einem Schneebesen Puderzucker und Salz einrühren. Weitere 30 Minuten dicklich und goldbraun einkochen lassen. Falls die Sauce ungleichmäßig bräunt, mit einem hitzebeständigen Spatel den Bodensatz lösen. Sobald sie goldbraun ist, vom Herd nehmen: Sie brennt schnell an.

Den Quark in Scheiben schneiden. Auf Tellern anrichten, mit der Salzkaramellsauce beträufeln und mit Haselnusskernen bestreuen.

Tipp / Der frische Quark schmeckt auch gut auf *knäckebröd* (siehe Seite 28), beträufelt mit pfeffrigem Olivenöl und bestreut mit Zitronenabrieb sowie Kräutern.

Dinkelwecken mit Apfel und Käse /

Dinkelwecken mit Apfel und Käse

Dinkelbulle med äpple och ost

Eines der ersten Wörter, die ich in Schweden gelernt habe, war *bullar* – Wecken. Meiner Meinung nach kann man durch die Küche eines Landes die Sprache gut lernen, und dieses Wort taucht in der schwedischen Küche ziemlich häufig auf. Wecken sind enorm beliebt. Die berühmten *kanelbullar* (Zimtwecken) werden am 4. Oktober sogar mit einem eigenen Feiertag geehrt. Dann gibt es *kardemummabullar* (Kardamomwecken), *semlor* (lecker mit Sahne, siehe Seite 57); *vaniljbullar* (mit Vanillecreme); *lussekatter* (mit Safran, siehe Seite 254) ... Über Wecken hätte ich ein ganzes Kapitel schreiben können.

Meine angeheiratete Tante wohnt gleich nebenan und ist eine meiner emsigsten Rezepttesterinnen. Sie sagt, dass die Schweden verrückt nach Wecken sind, und ich schließe mich an. Diese herzhafte Variante mit Roggen- und Dinkelmehl, Äpfeln, Käse und Kümmel esse ich besonders gern. Wer Kümmel nicht mag, ersetzt ihn einfach durch gehackte Walnusskerne.

Ergibt 12 Stück /
vegetarisch /
Vorbereitung: 30 Minuten /
Teigruhe: 6 Stunden oder über Nacht /
Backzeit: 15–20 Minuten /

Für den Vorteig:

10 g frische Hefe oder 1 TL Trockenhefe

280 ml Milch, lauwarm

140 g Dinkelmehl, gesiebt

Für den Weckenteig:

200 g Dinkelmehl, plus mehr für die Arbeitsfläche

110 g Roggenmehl

1 TL feines Meersalz

50 g Butter, zerlassen

30 g flüssiger Honig

1 Ei (Größe M)

1–2 Eier (Größe L), verquirlt, zum Bestreichen

Für die Füllung:

200 g Västerbotten oder reifer Cheddar, gerieben

2 EL Kümmelsamen

1½ mittelgroße Äpfel (etwa Elstar), entkernt, geviertelt und gewürfelt (5 mm)

Für den Vorteig Hefe in Milch auflösen. Das gesiebte Dinkelmehl glatt unterrühren. Mit einem feuchten Geschirrtuch abdecken und an einem warmen Platz 1 Stunde ruhen lassen.

Für den Weckenteig Dinkelmehl mit Roggenmehl und Salz vermengen. Eine Mulde in die Mitte drücken, die restlichen Zutaten, bis auf die Eier zum Bestreichen, sowie den Vorteig hineingeben. Alles zu einem klebrigen Teig vermengen. Die Arbeitsfläche bemehlen und den Teig darauf glatt und geschmeidig kneten. Er sollte auf Fingerdruck leicht nachgeben. Mit einem feuchten Geschirrtuch abdecken und an einem warmen Ort 4 Stunden gehen lassen, bis sich das Volumen verdoppelt hat.

Die Arbeitsfläche bemehlen. Zwei Backbleche mit Backpapier auslegen.

Den aufgegangenen Teig auf der Arbeitsfläche zu einem Rechteck ausrollen: 5 mm dick, etwa 45 cm lang und 35 cm breit. Den Teig mit verquirltem Ei bestreichen und mit Käse, Kümmel sowie Apfelwürfeln gleichmäßig bestreuen.

Den Teig der Länge nach zusammenfalten: Zuerst das untere Drittel anheben und zur Mitte legen, dann das obere Drittel bis an die untere Faltkante nach unten umklappen.

Den gefalteten Teig in 3 cm breite Streifen schneiden. Jeden Streifen längs mittig durchschneiden, dabei 2 cm von oben unversehrt lassen. Die Streifen sehen jetzt aus wie Hosen. Jedes Hosenbein in sich verdrehen, dann die Hälften zusammendrehen. Alles in Weckenform drehen. Diese mit der Naht nach unten auf die vorbereiteten Backbleche legen.

Die Wecken mit verquirltem Ei bestreichen und etwa 1 Stunde ruhen lassen.

Den Backofen auf 220 °C vorheizen. Die Wecken nochmals mit Ei bestreichen. Auf der unteren Schiene im Ofen 15–20 Minuten backen, bis sie gar und goldbraun sind. Aus dem Ofen nehmen und auf einem Gitterrost abkühlen lassen.

Am besten schmecken die Wecken ofenfrisch und lauwarm.

Vorbereiten / Den Teig nach der Ruhezeit über Nacht in den Kühlschrank stellen.

Fertig gebackene Wecken können gut, mit Backpapier dazwischen, eingefroren werden. Dann 15 Minuten bei 170 °C im Ofen aufbacken.

Himbeer-Schoko-Wecken

4 EL gute Himbeerkonfitüre

100 g Zartbitterschokolade, mit 1 Prise Meersalz fein gehackt

125 g kalte Butter am Stück

Den Teig ausrollen (siehe Seite 200), Konfitüre und Schokolade darauf verteilen. Die Butter in 1 mm dünne Scheiben schneiden oder hobeln und auf dem Teig verteilen. Wie zuvor den Teig falten, schneiden, formen und backen.

Schoko-Buttercreme-Küchlein mit Meersalz

Chokladbiskvier

Während der Elternzeit habe ich mir diese kleinen Verführungen häufiger nachmittags gegönnt. Es war Winter, und sie waren ein prima Vorwand, das Baby warm einzupacken und an die frische Luft (will sagen, zur Bäckerei) zu gehen. Der makronenartige Boden mit der üppigen Schokoladenbuttercreme und dem knackigen Schokoladenüberzug ist unwiderstehlich! Mir gefällt auch das kleine Format, weil das Verhältnis von Boden und Buttercreme schön ausgewogen ist. Bei den gekauften Küchlein habe ich nur etwas Meersalz vermisst.

Ergibt 20–25 Stück /
vegetarisch / glutenfrei /
Vorbereitung: 25 Minuten /
Backzeit: 10–15 Minuten /

Für den Teig:

2 Eiweiß (Größe M)
3 EL Zucker
200 g gemahlene Mandeln
1 Prise feines Meersalz

Für die Buttercreme:

55 g Zartbitterschokolade (85 % Kakaoanteil)
125 g Butter
200 g Puderzucker, gesiebt

Für die Glasur:

200 g Zartbitterschokolade (85 % Kakaoanteil)
Meersalzflocken

Den Backofen auf 180 °C vorheizen. Zwei Backbleche mit Backpapier auslegen.

In einer Schüssel die Eiweiße und den Zucker schlagen, bis der Zucker aufgelöst ist. Gemahlene Mandeln und Salz unterheben. Mit einem Esslöffel Teigportionen abstechen, zur Kugel formen und flachdrücken, sodass Kreise von etwa 3 mm Durchmesser entstehen. Auf ein Backblech legen. Den gesamten Teig zu solchen Kreisen verarbeiten.

Die Böden im Ofen 10 Minuten backen, bis sich die Kreise leicht vom Papier lösen lassen. Sie sollen noch weich sein. Auf einem Gitterrost abkühlen lassen.

Inzwischen für die Buttercreme in einer hitzebeständigen Schüssel über einem Topf mit schwach kochendem Wasser die Schokolade schmelzen. Der Schüsselboden darf dabei das Wasser nicht berühren. Die Schokolade etwas abkühlen lassen. Inzwischen in einer Schüssel die Butter schaumig schlagen, dabei den Puderzucker löffelweise glatt unterrühren. Weiter schlagen, bis eine leichte, weiche Creme entsteht. Die abgekühlte Schokolade dazugeben und nochmals aufschlagen.

Auf jeden Teigboden 1 geh. EL Buttercreme geben und mit einem Palettmesser zu einer Kuppel formen. Dann in den Kühlschrank stellen, damit die Creme fester wird.

Für die Glasur die Schokolade auf einem Wasserbad (siehe oben) schmelzen. Dann vom Herd nehmen. Die Küchlein aus dem Kühlschrank nehmen und kopfüber in die Schokolade tauchen. Sparsam mit Meersalzflocken bestreuen. Zum Festwerden in den Kühlschrank stellen. Die Küchlein vor dem Servieren Zimmertemperatur annehmen lassen.

Tipp / Die flüssige Schokolade fülle ich in eine tiefe Schüssel mit geringem Durchmesser, damit das »Schokoladenbad« tief genug ist.

Vorbereiten / Die Küchlein am Vortag zubereiten und über Nacht in den Kühlschrank stellen.

Himbeer-Roggen-Plätzchen

Hallongrottor

Ich habe in Schweden viele traditionelle Rezepte für Plätzchen kennengelernt. *Hallongrottor* (»Himbeerhöhlen«) sind kinderleicht zu backen, allerdings ist zum Eindrücken des Teigs ein Erwachsenenfinger vorteilhafter, denn je größer die Mulde, desto mehr Konfitüre oder Schokolade passt hinein.

Ergibt 20 Stück /
vegetarisch /
Vorbereitung: 30 Minuten /
Backzeit: 10–15 Minuten /

100 g Roggenmehl
80 g Mehl (Type 405)
20 g Kartoffelmehl
30 g Rohrohrzucker
1 TL gemahlener Zimt (nach Belieben)
¼ TL Backpulver
½ TL feines Meersalz
120 g kalte Butter, gewürfelt
100 g gute Himbeerkonfitüre

In einer Schüssel die trockenen Zutaten vermischen. Die Butter hinzufügen und alles mit den Fingerspitzen fein bröselig verreiben. Den Teig zur Kugel zusammendrücken, dann zu einer Rolle von 3 cm Durchmesser formen und in 1,5 cm dicke Scheiben schneiden.

Jede Teigscheibe zur Kugel rollen und in die Mitte mit dem Daumen oder Finger eine Mulde drücken. Ein Backblech mit Backpapier auslegen. Die Plätzchen darauf setzen und in jede Mulde etwa ½ –1 TL Konfitüre füllen.

Alles 15 Minuten in den Kühlschrank stellen. Inzwischen den Backofen auf 200 °C vorheizen.

Die Plätzchen 10–15 Minuten im Ofen backen, bis sie sich fest anfühlen. Auf einem Gitterrost ganz abkühlen lassen, dann luftdicht verpackt aufbewahren.

Tipps / Sie können die Plätzchen auch mit Konfitüre aus anderen Früchten, mit Nuss-Nougatcreme oder Schokoladenstückchen füllen.

Wird der Teig während der Verarbeitung zu weich, einfach kurz zurück in den Kühlschrank legen.

Vorbereiten / Luftdicht verpackt halten sich die Plätzchen einige Tage.

WINTER

vinter

Selbst als ich noch in Paris wohnte, bin ich häufiger zu Ikea gefahren. Die Hälfte meiner Küchenausstattung stammte von dort – Rollwagen, Schneidebretter, Regale. Und natürlich brachte ich von jedem Besuch einen Vorrat Kerzen mit. Inzwischen kenne ich den Grund für die riesigen Stapel im Kassenbereich: Die Schweden haben einen enormen Kerzenverbrauch. Ich zünde inzwischen sogar zum Frühstück Kerzen an (und nicht etwa, um Strom zu sparen). An langen dunklen Tagen ist Kerzenlicht einfach Balsam für die Stimmung.

Eine ganz wichtige Rolle spielen Kerzen bei der Lucia-Feier am 13. Dezember, den man früher für den kürzesten Tag des Jahrs hielt. Lange Prozessionen von Mädchen in weißen Kleidern und mit Kerzenkronen eröffnen die Feierlichkeiten, und traditionell isst man Safranwecken (siehe Seite 254), die es aber in der ganzen Adventszeit gibt.

Das Highlight des Winters ist natürlich das Weihnachtsfest. Das *julbord* (Weihnachtstafel) ist so üppig, dass man am besten 24 Stunden vorher fastet (und danach ist man für die folgenden 24 Stunden satt). Man sollte schon strategisch an die Sache herangehen, und weit sitzende Kleidung ist dabei ein Muss. Als ersten Gang gibt es eingelegten Hering, *toast skagen* (siehe Seite 226), *gravlax* und geräucherten Lachs. Dann folgen Brot, Schinken, Pasteten, Rote-Bete-Salat (siehe Seite 220), ein großes Stück Blauschimmelkäse mit Pfefferkuchen (meine Variante auf Seite 272) sowie anderer Käse, vor allem Västerbotten. Weiter geht es mit dem warmen Gang, zu dem Fleischbällchen, ein Schmorgericht, Würste, ein Weihnachtsschinken und Janssons Versuchung (siehe Seite 252) gehören, außerdem herrlich buttriger Kartoffelbrei, Kohl, eingelegte Gurken, ein Berg *knäckebröd* und gezuckerte Preiselbeeren. Meistens steht auch ein Topf Weihnachtssenf auf dem Tisch (ehrlich gesagt ist das nur ein Glas normaler Senf in einem hübschen Topf). Dann hat die Dessertauswahl ihren Auftritt: verschiedene Kuchen und andere süße Köstlichkeiten, und danach wird Kaffee mit Plätzchen serviert. Echte Profis holen sich von den warmen Gerichten einen Nachschlag (oder zwei), bevor die Nachspeisen kommen. Und danach fallen alle ins unvermeidliche Verdauungskoma – genau wie an vielen anderen Weihnachtstafeln in aller Welt.

Ich habe eine Weile gebraucht, um mich an die schwedischen Winter zu gewöhnen, und wirklich anfreunden kann ich mich mit ihnen wohl nicht. Nach meinem Umzug nach Stockholm kannte ich anfangs wenige Leute. Das hatte mit meiner freiberuflichen Arbeit und dem vielen Reisen zu tun. Darum war der Gang zum kleinen Lebensmittelladen an der Ecke das Highlight des Tages. Der Ladenbesitzer war meistens zum Plaudern aufgelegt, und nach einigen Startschwierigkeiten (mein Schwedisch war lausig) fand ich heraus, dass er aus Florida stammt und früher Soldat war. Abends tritt er als Stand-up-Comedian auf und tagsüber arbeitet er in seinem Lebensmittelladen. Selbst an tristen Tagen war er vergnügt. Auf meine Frage, wie er sich im Winter die gute Laune bewahrt, erklärte er mir, dass es an seiner positiven Lebenseinstellung liegt. Außerdem gab er mir eine Schachtel Vitamin-D-Tabletten. In Schweden wird Vitamin D an Kinder unter einem Jahr kostenlos abgegeben, um Mangelerscheinungen vorzubeugen. Ich futterte die Pillen wie Süßigkeiten. Viel habe ich nicht gemerkt. Wirkungsvoller war jedoch, dass ich immer vor Sonnenuntergang einen kurzen Spaziergang unternommen habe. Außerdem habe ich alles gegessen, was mir gut getan hat. Mal ein kräftiges Gulasch (siehe Seite 246), mal frisches Gemüse mit *gravlax* (siehe Seite 234), mal warme Safranwecken mit viel Butter (siehe Seite 254). Erlaubt ist, was Licht in die Dunkelheit bringt!

Der schwedische Winter ist aber nicht nur trist und finster. Wenn es schneit und die Sonne herauskommt, strahlt das Land heller als jedes weiß getünchte Zimmer. Sofort kriechen die Leute aus den Häusern, laufen auf den Wasserwegen der Stadt Schlittschuh oder schnappen sich die Langlaufskier und fahren hinaus. Solche Tage muss man genießen, und das geht besonders gut, wenn man einen Ausflug in die Natur unternimmt und jede Menge leckere Sachen fürs Picknick in den Rucksack packt.

Grünkohlsalat mit Preiselbeeren

Krispig grönkål och lingonsallad

Salat ist nicht unbedingt ein klassisches Wintergericht. Ich habe aber nach einigen Wintern in Schweden festgestellt, dass ich nach einer Weile großen Appetit auf leichte, frische Küche bekomme – als Abwechslung zu den deftigen schwedischen Gerichten. Dieser Salat hat ein Dressing aus zerdrückten Preiselbeeren. Manchmal serviere ich ihn mit knusprigen Speckscheiben, aber mit würzigem Käse schmeckt er ebenso gut. Eingelegte Zwiebeln dürfen nicht fehlen. Die verwende ich allerdings für fast alles, wahrscheinlich bin ich süchtig nach ihnen.

360 g Grünkohl

Meersalz

200 g Perlgraupen

100 g Preisel- oder Rote Johannisbeeren

1 Prise Zucker

1 TL Weißweinessig

2 EL mildes Raps- oder Olivenöl

2 EL Kürbiskerne

100 g Ziegenhart- oder Blauschimmelkäse

eingelegte Zwiebeln (siehe Seite 286; nach Belieben)

Für 4 Personen / vegetarisch /
Vorbereitung: 30 Minuten /
Ruhezeit: 1 Stunde /
Garzeit: 20 Minuten /

Den Grünkohl waschen, trocken schleudern und Mittelrispen entfernen. Den Kohl in einer Schüssel großzügig mit Salz bestreuen und 5 Minuten durchkneten. Ein Backblech mit Backpapier auslegen, den Kohl darauf ausbreiten und mindestens 1 Stunde ruhen lassen.

In einem Topf Wasser mit etwas Salz zum Kochen bringen. Die Graupen darin nach Packungsangabe bissfest garen. Dann abgießen und beiseitestellen.

In einer Schüssel ein Viertel der Beeren mit 1 Prise Salz, Zucker und Essig zerdrücken. Beiseitestellen.

Den Grill auf hoher Stufe einschalten. Den Grünkohl mit einem sauberen Geschirrtuch gründlich abtrocknen. Mit dem Öl beträufeln, dann mit Graupen und Kürbiskernen vermischen. Kurz grillen, bis die Blätter knusprig werden, zwischendurch umrühren.

Mit den zerdrückten Preiselbeeren vermischen, mit zerbröseltem Käse, den restlichen Beeren und eingelegten Zwiebeln bestreuen.

Rachels Kaviar

Rachels kaviar

Bei einem meiner ersten Besuche in Stockholm habe ich in einem Café Frühstück bestellt: Toast mit Butter und ein gekochtes Ei. Die Frau am Tresen fragte, ob ich Kaviar möchte, und ich dachte: »Kaviar zum Frühstück, na sicher!« Damals ahnte ich nicht, dass Kalles Kaviar gemeint war. Das ist eine salzige rosa Paste aus Dorschrogen, die in blauen Tuben verkauft wird und auf fast allen schwedischen Frühstückstischen liegt. Man quetscht ihn auf *knäckebröd*, gekochte Kartoffeln oder Eier. An Kalles Kaviar scheiden sich die Geister: Man liebt ihn oder man hasst ihn. Zugegebenermaßen gehöre ich zur zweiten Gruppe. Meine Variante mit Bottarga (gesalzenem luftgetrocknetem Rogen) und hausgemachter Mayonnaise mag ich jedoch umso lieber.

Ergibt 250 g /
ohne Milchprodukte /
glutenfrei ohne Knäckebrot /
Vorbereitung: 15 Minuten /

3 Eigelb (Größe M), zimmerwarm

200–250 ml mildes Raps-, Sonnenblumen- oder Olivenöl

1 TL Zitronensaft, oder nach Geschmack

1 Prise Zucker, oder nach Geschmack

1 TL Tomatenmark

30 g Bottarga, fein gerieben

Zum Servieren:

knäckebröd (siehe Seite 28) oder neue Kartoffeln, gekocht

etwas Bottarga zum Garnieren

Eine große Glas- oder Edelstahlschüssel auf ein feuchtes Geschirrtuch stellen (damit sie nicht verrutscht). Die Eigelbe hineingeben und kurz mit einem Schneebesen durchrühren. Dann tropfenweise unter ständigem Rühren das Öl dazugeben. Dabei wird die Mischung dicklich und heller. So viel Öl unterrühren, bis die gewünschte Konsistenz erreicht ist. Zitronensaft und Zucker dazugeben, dann Tomatenmark und Bottarga einrühren. Mit Zitronensaft und Zucker abschmecken.

Die Creme auf *knäckebröd* streichen oder zu gekochten neuen Kartoffeln servieren. Mit etwas Bottarga garnieren.

Vorbereiten / Die Creme hält sich luftdicht verpackt 3 Tage im Kühlschrank.

Weihnachtstafel /

Zweierlei Rote Bete in Salz gebacken

Saltbakad rödbeta – två sätt

Für 4 Personen /
vegetarisch / glutenfrei /
Vorbereitung: 30 Minuten /
Garzeit: 1 Stunde /

In vielen schwedischen Supermärkten gibt es ein Salatbüfett, aber die meisten sehen eher aus wie ein Salatfriedhof. Fast immer leuchtet zwischen schlappem Kopfsalat und Kohl der *rödbetssallad*, ein pinkfarbener Salat aus Roten Beten, der auch auf das *julbord* (Weihnachtstafel) gehört. Den gekauften Salat finde ich nicht so überzeugend, darum mache ich ihn lieber selbst. Normalerweise werden die Roten Beten einfach gekocht. Sie schmecken aber viel besser, wenn man sie in einer Salzkruste im Ofen gart. In Spalten geschnitten und mit dem sahnigen Dressing separat zum Dippen geben sie eine tolle Vorspeise ab. Wer psychedelisches Pink schön findet, kann sie selbstverständlich auch in kleinere Stücke schneiden und mit dem Dressing vermischen.

4 Eier (Größe M)

Meersalz

700 g Rote Beten, ungeschält, gründlich abgebürstet

950 g Tafelsalz

125 g Crème fraîche

1 TL Dijonsenf oder anderer scharfer Senf

1 EL frisch gehackter Dill, plus einige Dillspitzen zum Garnieren

1 EL Apfelessig

1 EL Rapsöl

Die Eier trennen und in separate Schüsseln geben, dabei muss jedes Eigelb intakt bleiben. In einem kleinen Topf Wasser mit etwas Salz zum Kochen bringen. Jedes Eigelb nacheinander hineingeben und 5 Minuten garen. Abgießen und beiseitestellen.

Den Backofen auf 210 °C vorheizen. Das Tafelsalz mit den Eiweißen vermischen. Ein Backblech mit hohem Rand mit Backpapier auslegen. Die Hälfte der Salzmischung darauf verteilen. Die Roten Beten ins Salzbett legen, dann die restliche Salzmischung darauf mit den Händen so verteilen, dass die Knollen komplett bedeckt sind. Im Ofen 1 Stunde backen, dann herausnehmen und abkühlen lassen. Anschließend die Salzkruste aufbrechen.

Inzwischen für das Dressing in einer Schüssel das gegarte Eigelb zerdrücken und mit Crème fraîche, Senf und Dill verrühren. Abschmecken und in den Kühlschrank stellen.

Als Vorspeise: Die Roten Beten pellen, in Spalten schneiden und in einer Servierschüssel mit Essig und Öl überziehen. Das Dressing separat dazu reichen. Zum Aufspießen und Dippen sind Zahnstocher praktisch.

Als Salat: Die Roten Beten pellen, in kleine Würfel schneiden und mit Essig und Öl überziehen. Dann in einer Servierschüssel mit dem Dressing verrühren. Alternativ auf jeden Teller einen Klecks Dressing geben, die Roten Beten darauf anrichten und mit Dill garnieren.

Tipp / Den Salat nicht zu früh mit dem Dressing anmachen. Wenn er zu lange steht, beginnt er, unappetitlich auszusehen.

Vorbereiten / Die fertig gebackenen sowie schon mit Essig und Öl überzogenen Roten Beten halten sich luftdicht verpackt einige Tage im Kühlschrank.

Roggen-Dinkel-Fladen

Tunnbröd

Ergibt 10 Stück/
vegetarisch /
Vorbereitung: 6 Minuten /
Ruhezeit: 30 Minuten /
Garzeit: 4 Minuten pro Fladen /

Fladenbrote werden in Schweden aus verschiedenen Mehlsorten gebacken. Einmal habe ich traditionelle nordschwedische *segkakor* (wörtlich »zäher Kuchen«) aus Gerstenmehl probiert, aber der Geschmack hat mich zu sehr an Bier erinnert. Roggen und Dinkel sind ähnlich herzhaft, aber nicht so intensiv. Ich rühre oft Dill- oder Fenchelsamen unter den Teig, weil ich den süßlichen Anisgeschmack so gern mag.

150 g Dinkelmehl

100 g Roggenmehl

4g (1 TL) Trockenhefe

1 TL Zucker

1 TL feines Meersalz

1 EL zerstoßene Fenchel- oder Dillsamen (nach Belieben)

150 ml Buttermilch, zimmerwarm

2 EL Rapsöl

In einer Schüssel die trockenen Zutaten (auch die Samen, falls verwendet) vermengen. Buttermilch, Öl sowie 1 EL warmes Wasser dazugeben, alles zu einem geschmeidigen, leicht klebrigen Teig verkneten. Mit einem feuchten Geschirrtuch abdecken und an einem warmen, trockenen Ort 30 Minuten ruhen lassen.

Den Teig in zehn Kugeln teilen. Jede Kugel zwischen zwei Bögen Backpapier zu einem Kreis von etwa 20 cm Durchmesser ausrollen.

Eine große beschichtete Pfanne mit einem gut schließendem Deckel stark erhitzen. Jeden Fladen mehrmals mit einer Gabel einstechen, in die Pfanne legen und bei geschlossenem Deckel 2 Minuten backen, bis die Unterseite leicht gebräunt ist und gar aussieht. In einer zweiten Pfanne mit gut schließendem Deckel warm halten. Die restlichen Fladen ebenso backen.

Tipp / Wenn die Fladen nach dem Backen hart werden, können Sie sie mit etwas Wasser besprenkeln und im Backofen bei 170 °C 5–10 Minuten erwärmen.

Vorbereiten / Die Fladen können eingefroren werden. Dafür komplett abkühlen lassen und Backpapier dazwischen legen.

Krabben auf Pumpernickel-toast

Pumpernickel toast skagen

Toast skagen ist nach dem nördlichsten Zipfel Dänemarks benannt. In Schweden ist er eine beliebte Vorspeise, in Dänemark jedoch kennt man ihn ironischerweise kaum. Normalerweise wird in Butter gebratenes Weißbrot verwendet. Das schmeckt wunderbar, aber ich mag auch den nussigen Geschmack von Pumpernickel, natürlich mit viel Butter. Ich gebe gern Crème fraîche ans Dressing. Wenn Sie kein Fan von Crème fraîche sind, nehmen Sie einfach etwas mehr Mayonnaise.

Für 2–4 Personen als Vorspeise,
für 4–6 Personen als Appetizer /
Vorbereitung: 15 Minuten /
Garzeit: 10 Minuten /

6 Scheiben Pumpernickel
weiche Butter zum Bestreichen
150 g Nordseekrabbenfleisch, gegart
1 geh. EL gute Mayonnaise
1 geh. EL Crème fraîche
¼ TL Dijonsenf
1 Prise weißer Pfeffer
1 TL frisch gehackter Dill
2 EL frisch geschnittene Schnittlauchröllchen
80 g Kalix-Kaviar

Den Pumpernickel toasten und großzügig mit Butter bestreichen. Die Scheiben halbieren, wenn sie als Appetizer serviert werden sollen.

Alle weiteren Zutaten bis auf den Kaviar und 1 EL Schnittlauch verrühren. Alles 10 Minuten durchziehen lassen, dann auf den Brotscheiben verteilen. Mit Kaviar und dem restlichen Schnittlauch garnieren. Sofort servieren.

Blutwurst-wecken mit Preiselbeeren

Blodpuddingbullar med lingon

Meine Schwäche für Blutwurst habe ich in Paris entdeckt. Mein Fleischer dort machte die cremigste Blutwurst, gespickt mit Maronenstückchen. Eine Scheibe davon mit grünem Salat war ein schnelles und sättigendes Mittagessen. Zum Glück lieben auch Schweden Blutwurst; sie ist in den meisten Supermärkten erhältlich. Ihr Geschmack wird durch die Zugabe von Äpfeln süßer, zum Andicken wird außer Schweineblut meist Roggenmehl benutzt. Gewürzt ist sie mit Piment, Gewürznelken und Ingwer. Traditionell wird sie mit Speck gebraten und mit Preiselbeerkompott (kommt Ihnen langsam bekannt vor, oder?) serviert. Als ich schwanger war, riet mir die Hebamme, jede Woche ein paar Scheiben zu essen, um meinen Eisenhaushalt zu stärken. Die Empfehlung habe ich gern angenommen. Diese Wecken mit einer Füllung aus Blutwurst eignen sich prima zum Mitnehmen.

Ergibt 8 Stück /
Vorbereitung: 30 Minuten /
Ruhezeit: 30 Minuten /
Garzeit: 30 Minuten /

Für die Füllung:

½ mittelgroße Zwiebel, fein gehackt
½ TL gemahlener Piment
½ TL weißer Pfeffer
½ kleiner Apfel (etwa Boskop) entkernt und fein gehackt

1 EL Butter

100 g Blutwurst, grob gehackt

2 EL Preisel- oder Rote Johannisbeeren (TK)

1 Handvoll frische Petersilie ohne Stiele, gehackt

Für den Teig:

7g frische Hefe oder knapp ¾ TL Trockenhefe

75 ml lauwarme Milch

185 g Mehl, plus mehr für die Arbeitsfläche

15 g Zucker

½ TL feines Meersalz

½ TL Backpulver

45 g Preisel- oder Rote Johannisbeeren (TK)

1 ½ EL frisch gehackte Petersilie

1 ½ TL Pflanzenöl, plus mehr zum Einpinseln

Für die Füllung in einem Topf Zwiebel, Gewürze und Apfel mit der Butter anschwitzen. Wenn alles weich wird, die Blutwurst zerbröseln und dazugeben. Alles kräftig anbraten, bis die Blutwurststücke knusprig werden. Vom Herd nehmen. Preiselbeeren und Petersilie unterrühren.

Für den Teig die Hefe in der Milch auflösen. Alle trockenen Zutaten sowie Preiselbeeren und Petersilie vermischen. In die Mitte eine Mulde drücken. Hefemilch sowie Öl hineingießen und alles miteinander vermischen. Die Arbeitsfläche bemehlen und den Teig darauf 10–15 Minuten kneten, bis er geschmeidig ist.

Den Teig zur Rolle formen und in acht Stücke teilen. Je ein Stück zu einem Kreis von etwa 6 cm Durchmesser ausrollen. In die Mitte 1 geh. EL der Füllung setzen, dann den Teig um die Füllung schließen und die Kanten sorgfältig zusammendrücken. Mit der Naht nach unten auf ein kleines Stück Backpapier oder in eine Muffin-Papierform setzen. Die Oberfläche mit etwas Öl einpinseln. Die Wecken an einem warmen Platz 30 Minuten ruhen lassen.

Die Wecken in einem Dämpfkorb 12–15 Minuten über heißen Dampf garen, bis sie schön aufgegangen sind. Die Wecken dürfen dabei das Wasser nicht berühren, und Sie sollten den Deckel möglichst selten anheben.

Spinatpfanne mit Ei

Ägg med stuvad spenat

Bei der Arbeit an diesem Buch habe ich viele schwedische Freunde nach ihren Lieblingsspeisen gefragt. Diese mag ich besonders gern, vielleicht, weil sie so einfach, köstlich und gesund ist. Vor allem, wenn ich lang auf Reisen war, verspüre ich Appetit auf grünes Blattgemüse. Essengehen ist ja gut und schön, aber es geht doch nichts über selbst gekochte Wohlfühlgerichte.

Für 4 Personen /
vegetarisch / glutenfrei ohne Toast /
Vorbereitung: 10 Minuten /
Garzeit: 20–25 Minuten /

500 g Spinat (TK)

1 Zwiebel, geschält und fein gehackt

1 EL Butter

150 g Schlagsahne

150 ml Milch

½ frisch geriebene Muskatnuss

½ TL weißer Pfeffer

Meersalz

4 Eier (Größe M)

Für die Kräutergarnitur:

1 kleine rote Chilischote, entkernt und in feine Streifen geschnitten

1 kleine rote Zwiebel, geschält und fein gehackt

1 EL Weißweinessig

1 Prise feines Meersalz

1 Prise Zucker

1 Handvoll frischer Dill, grob gehackt

1 Handvoll frischer Schnittlauch, fein gehackt

In einer großen Pfanne Spinat, Zwiebel und Butter abgedeckt 5 Minuten sehr sanft erhitzen. Den Deckel abnehmen, umrühren und weitere 5–10 Minuten garen, bis die Flüssigkeit verdampft ist. Sahne, Milch, geriebene Muskatnuss und weißen Pfeffer dazugeben. Nochmals 5 Minuten garen, dabei gelegentlich umrühren. Mit Salz abschmecken.

Vier Mulden in den Spinat drücken. Die Eier hineinschlagen und bei geschlossenem Deckel 5 Minuten garen, bis das Eiweiß gestockt ist.

Für die Kräutergarnitur in einer Schüssel aus Glas oder Porzellan sämtliche Zutaten, bis auf die Kräuter, vermischen. Erst kurz vor dem Servieren Dill und Schnittlauch unter die Kräutergarnitur rühren. Auf Spinat und Eier streuen, dann sofort servieren.

Tipp / Traditionell wird der Spinat mit Mehl angedickt (gegebenenfalls 1–2 EL mit der Milch glatt rühren). Ich gare ihn lieber sanft länger, sodass die Flüssigkeit verdampft.

Poke Bowl *gravlax*

Poke bowl med gravad lax

Wenn man eine Sprache lernt, ergeben auf einmal viele Dinge einen (erweiterten) Sinn. Seit ich Grundkenntnisse im Schwedischen habe, verstehe ich, was die Namen traditioneller Gerichte bedeuten. Eines davon ist *gravad lax* (vergrabener Lachs), der unter Salz, Zucker, Dill und Zitronenabrieb »vergraben« wird, um ihn zu beizen. Er ist eine köstliche Zutat für Poke Bowls (*poke* heißt »in Stücke schneiden« auf Hawaiianisch). Diese Reisschalen stehen seit einiger Zeit in Stockholm (und nicht nur dort) hoch im Kurs. Die im Rezept genannten Gemüsesorten sind nur Vorschläge. Ich verwende alles, was der Kühlschrank gerade hergibt – Hauptsache, es ist frisch und schön knackig.

Für 4 Personen /
glutenfrei / ohne Milchprodukte
Vorbereitung: 30 Minuten /
Ruhezeit: 1 Stunde 20 Minuten /
Garzeit: 40 Minuten /

250 g Lachsfilet ohne Haut und Gräten
Abrieb von ½ Bio-Zitrone
2 weiße Pfefferkörner, zerdrückt
50 g feines Meersalz
30 g Zucker
1 Bund Dill, grob gehackt, plus mehr zum Garnieren

320 g Naturreis

800 ml Gemüsebrühe

2 Knollen Rote Bete, vorgegart, in dünne Scheiben gehobelt

4 Radieschen, in dünne Scheiben gehobelt

100 g eingelegte Gurken (siehe Seite 288), in Scheiben geschnitten

eingelegte Zwiebeln (siehe Seite 286)

4 EL frisch geriebener Meerrettich (nach Belieben)

Für die Sauce:

2 TL Dijonsenf

2 TL körniger Senf

1 TL Honig

50 ml Sonnenblumenöl

Saft von ½ Zitrone

2 EL frisch gehackter Dill

1 Prise feines Meersalz

Den Fisch mit einem sauberen Geschirrtuch trocken tupfen. In einem Gefrierbeutel Zitronenabrieb, Pfefferkörner, Meersalz, Zucker und grob gehackten Dill vermischen. Den Lachs hineinlegen und die Würzmischung vorsichtig in die Oberfläche einmassieren. Den Fisch 40 Minuten bei Zimmertemperatur ruhen lassen, dann wenden und weitere 20 Minuten ruhen lassen. Danach 20 Minuten in den Kühlschrank legen.

Den Reis gemäß Packungsangabe in der Gemüsebrühe garen. Inzwischen für die Sauce sämtliche Zutaten verrühren. Abschmecken.

Den Fisch aus dem Beutel nehmen, abspülen und abtrocknen. In 7,5 mm dicke Steifen schneiden.

Den Reis auf Servierschalen verteilen. Lachs, Rote-Bete-Scheiben, Radieschen und eingemachte Gurken darauf anrichten. Mit eingelegten Zwiebeln und etwas Dill bestreuen, dann mit der Senfsauce beträufeln und nach Belieben mit etwas geriebenem Meerrettich garnieren.

Tipp / Das Fischfilet sollte möglichst einheitlich dick sein, damit die Beize gleichmäßig eindringen kann. Gegebenenfalls die Seitenlappen abschneiden und anderweitig verwenden.

Vorbereiten / Da der Fisch beinahe roh verzehrt wird, sollte er maximal 1 Tag vor dem Servieren zubereitet werden. Wie lange er sich danach hält, hängt von der Qualität des Fischs ab.

Hasselback-Selleriebraten

Rotselleri ›hasselback style‹

Dieses Gericht ist eine Kreuzung aus den berühmten *hasselbackspotatis* (Fächerkartoffeln), deren Name auf das gleichnamige Restaurant zurückgeht, und dem klassischen *julskinka* (Weihnachtsschinken). Ich finde, dass Vegetarier bei traditionellen Festessen meistens zu kurz kommen. Gerade beim Entwickeln vegetarischer Gerichte will ich, dass sie nicht nur Vegetariern schmecken, sondern auch Fleischfans überzeugen. Genauso wie dieses ...

Für 4 Personen / vegetarisch /
Vorbereitung: 30 Minuten /
Garzeit: 40 Minuten /
Abkühlzeit: 10 Minuten /
Zubehör: 2 Essstäbchen /

½ Sellerieknolle (etwa 500 g)
2 EL Senfkörner
5 Pfefferkörner
3 Wacholderbeeren
750 ml Rote-Bete-Saft
200 ml Apfelessig
40 g Honig
1 TL geräuchertes Paprikapulver
½ Zwiebel, geschält und geviertelt
1 Lorbeerblatt
60 g Meersalz

Für die Kruste:
1 EL süßlicher Senf (siehe Seite 15)
1 TL mittelscharfer Senf
1 TL Ahornsirup
30 g Butter
3 EL Semmelbrösel

Die Sellerieknolle waschen und schälen. Mit der Schnittfläche nach unten auf ein Schneidebrett legen, direkt daneben auf jede Seite ein Essstäbchen legen. Die Knolle in Abständen von 3 mm senkrecht einschneiden. Dabei verhindern die Essstäbchen, dass die Sellerieknolle versehentlich ganz durchgeschnitten wird.

In einem Topf, der nur wenig größer als die Sellerieknolle ist, Senfkörner, Pfefferkörner und Wacholderbeeren bei mittlerer Temperatur ohne Fett rösten, bis sie platzen. Die restlichen Zutaten, bis auf den Sellerie und Zutaten für die Kruste, dazugeben und unter Rühren aufkochen. Dann bei niedriger Temperatur den Sellerie in den Topf legen. Abgedeckt 30 Minuten köcheln lassen, bis die Knolle gar ist. Zwischendurch mehrmals wenden, sodass alle Seiten durch die Flüssigkeit rötlich eingefärbt werden. Einen Moment in der Flüssigkeit abkühlen lassen.

Den Grill auf mittlerer bis hoher Stufe einschalten. In einer Schüssel beide Senfsorten mit dem Ahornsirup verrühren. Die Sellerieknolle aus dem Kochsud nehmen und mit Küchenpapier abtrocknen. In einer ofenfesten Pfanne die Butter zerlassen. Wenn sie brutzelt, die Sellerieknolle mit der flachen Seite nach unten in die Pfanne legen. Während die Unterseite brät, die Oberseite mit Butter aus der Pfanne beträufeln. Den Sellerie vom Herd nehmen, wenn die Unterseite goldbraun ist. Die Zutaten für die Kruste plus Semmelbrösel auf der Oberseite verteilen und mit der restlichen Butter aus der Pfanne beträufeln. Unter den heißen Grill schieben, bis die Kruste goldbraun ist.

Zu dem vegetarischen Braten Rahmspinat und Ofenkartoffeln servieren.

Tipp / Der Braten schmeckt auch kalt, zum Beispiel mit etwas Krautsalat und salzigem, herzhaftem Käse als Brotbelag.

Vorbereiten / Sie können die Sellerieknolle am Vortag kochen und im Sud in den Kühlschrank stellen. Dann 30 Minuten vor dem Braten aus dem Kühlschrank nehmen.

Putentopf mit Preiselbeeren

Snabb gryta med kalkon och lingon

Das kann man immer gut gebrauchen: einen schnellen Eintopf, der in 30 Minuten auf dem Tisch steht. Preiselbeeren schmecken, ebenso wie Cranberrys, hervorragend zu Pute, und es wäre ein Jammer, sie nur als Festtagsbraten zu servieren. Statt Putenbrust kann für dieses Rezept Hähnchen verwendet werden, oder sogar Wildschwein (bei mir meist tiefgekühlt auf Vorrat). Reste von Brathähnchen oder Putenbraten geben Sie einfach zu den gedünsteten Zwiebeln und fahren dann, wie im Rezept beschrieben, fort.

Für 4 Personen /
glutenfrei ohne Brot /
Vorbereitung: 10 Minuten /
Garzeit: 20 Minuten /

1 großer Kopf Brokkoli, in Röschen zerteilt
1 EL Butter
Meersalz und schwarzer Pfeffer
2 EL Rapsöl
1 Zwiebel, geschält und in dünne Ringe geschnitten
3 Zweige frischer Thymian
450 g Putenbrust, in Streifen geschnitten
200 ml Hühnerbrühe
1 EL Speisestärke
250 g Schlagsahne
100 g Preiselbeeren oder Cranberrys (TK)
1 EL Schnittlauchröllchen
4 Scheiben frisches Bauernbrot

Den Brokkoli dämpfen. In Butter und etwas Salz schwenken, abgedeckt beiseitestellen.

Inzwischen in einer großen Pfanne die Hälfte des Öls erhitzen. Zwiebel und Thymian darin 10 Minuten sanft garen, dann herausnehmen. Das restliche Öl (1 EL) hineingeben, hoch erhitzen. Das Fleisch darin unter gelegentlichem Rühren rundherum bräunen. Zwiebel und Thymian wieder hinzufügen und mit Hühnerbrühe ablöschen.

In einer Schüssel die Speisestärke mit 2 EL Wasser anrühren, zur Brühe geben, alles zum Kochen bringen. Wenn die Sauce gebunden ist, die Pfanne vom Herd nehmen. Die Sahne einrühren und alles kräftig mit schwarzem Pfeffer und Salz abschmecken. Preiselbeeren oder Cranberrys dazugeben und mit Schnittlauchröllchen bestreuen.

Mit Brokkoli und frischem Brot zum Eintunken servieren.

Tipp / Nach Zugabe der Preiselbeeren nicht mehr rühren, sonst kann die Sauce gerinnen.

Wallenberg-Burger

Wallenbergare

Zwischen den zähen Burgern vom Schnellimbiss und dieser Luxusversion mit Kalbfleisch und Ei liegen Welten. Benannt sind diese Burger übrigens nach dem Vorfahren der Wallenbergs, einer von Schwedens bekanntesten Industriellenfamilien. Normalerweise werden sie mit einer Portion buttrigem Kartoffelpüree, Erbsen und Preiselbeeren serviert, aber ich finde, sie schmecken auch großartig auf einem wirklich guten Brötchen.

Für 4 Personen / Vorbereitung: 10 Minuten / Kühlzeit: 1 Stunde / Garzeit: 15–20 Minuten /

400 g Kalbs- oder mageres Schweinehackfleisch

100 g Schlagsahne

4 Eigelb (Größe M)

Meersalz

1 TL weißer Pfeffer

8 EL frische Semmelbrösel

2 EL Butter

250 g Erbsen (TK)

50 ml heiße Hühnerbrühe

4 Blätter Eisbergsalat

4 gute Burgerbrötchen

4 EL Preiselbeerkompott (siehe Seite 290)

Im Mixer Hackfleisch, Sahne, Eigelbe, 1 TL Salz und Pfeffer glatt pürieren. Die Masse 1 Stunde in den Kühlschrank stellen, damit sie sich später leichter formen lässt. In einer Schüssel die Semmelbrösel mit 1 Prise Salz vermischen. Aus der Fleischmasse vier flache Burger formen und in den Semmelbröseln wenden.

Den Backofen auf 170 °C vorheizen.

In einer Pfanne etwas Butter zerlassen. Wenn die Butter brutzelt, die Burger darin von jeder Seite 4–5 Minuten goldbraun braten. Die Burger aus der Pfanne nehmen, auf ein Backblech legen und für 5–10 Minuten in den heißen Backofen schieben. Sie sind gar, wenn beim Einstechen mit einem Messer klarer Fleischsaft austritt.

Inzwischen in einem Topf Wasser mit etwas Salz zum Kochen bringen. Die Erbsen darin 5 Minuten garen, dann abgießen. Die Brühe und 1 EL Butter dazugeben, alles im Mixer glatt pürieren. Abschmecken.

Jedes Brötchen großzügig mit Erbsenpüree bestreichen, mit 1 Salatblatt und einem Burger belegen. Jeweils mit einem großen Klecks Preiselbeerkompott garnieren.

Vorbereiten / Die Burger-Patties können roh (Backpapier dazwischen legen) luftdicht verpackt einige Monate eingefroren werden. Vor der Zubereitung komplett auftauen lassen, dann wie im Rezept beschrieben garen.

Meeresfrüchte-topf mit Safran

Skaldjursgryta med saffran

Als ich das erste Mal Safran im Supermarkt kaufte, kam ich mir vor, als hätte ich etwas Illegales im Sinn. Ich hatte schon überall gesucht und fragte schließlich in meinem holperigen Schwedisch einen Mitarbeiter. »An der Kasse.« sagte er. Während ich in der Schlange stand, verrenkte ich mir den Hals: nirgendwo Safran. Also fragte ich die Kassiererin. »Ein halbes Gramm oder ein Gramm?« wollte sie wissen, und gab mir das Gewürz erst, nachdem ich bezahlt hatte. Zum Glück ist die Zubereitung dieses Gerichts nicht halb so kompliziert wie der Einkauf.

Für 4 Personen /
glutenfrei ohne Brot /
Vorbereitung: 10 Minuten /
Garzeit: 20 Minuten /

2 EL Butter

2 Zwiebeln, geschält und fein gehackt

2 kleine Fenchelknollen, in dünne Scheiben geschnitten

Meersalz

½ Blumenkohl, in 5 mm dünne Scheiben geschnitten und zerbröselt

mildes Raps- oder Olivenöl

8 große Garnelen, ungeschält

600 g Dorsch- oder Kabeljaufilet ohne Haut, in mundgerechte Stücke geschnitten

125 ml trockener Weißwein

1 Prise Safranfäden

250 ml heißer Meeresfrüchtefond

2 EL Crème fraîche

1 Handvoll frisch gehackter Dill

In einem großen Schmortopf die Butter zerlassen. Zwiebel, Fenchel und etwas Salz darin einige Minuten weich anschwitzen. Den Blumenkohl darin dann bei hoher Temperatur leicht bräunen. Alles in eine Schüssel füllen und mit Alufolie abdecken.

In dem Topf 1 EL Öl erhitzen, bis es brutzelt. Die Garnelen darin von jeder Seite 3–4 Minuten braten. Aus dem Topf nehmen und beiseitestellen. Die Fischstücke und bei Bedarf etwas Öl in den Topf geben, einige Minuten braten, wenden und weitere 2 Minuten braten. Der Fisch soll noch glasig sein. Aus dem Topf nehmen und beiseitestellen.

Den Topf hoch erhitzen, Wein und Safran darin einkochen, bis der Wein fast verdampft ist. Erst dann den Fond einrühren und um ein Drittel reduzieren. Die Crème fraîche unterrühren. Mit Salz abschmecken.

Die Blumenkohlmischung auf Teller füllen. Garnelen und Fisch darauf anrichten, alles mit der Sauce übergießen und mit Dill bestreuen. Sofort servieren.

Schwedisches Gulasch

Skånsk kalops

Dieses Gericht stammt ursprünglich aus Skåne in Südschweden, wo ein Großteil des einheimischen Gemüses angebaut wird. Es ist aber so beliebt, dass jede Region ihre eigene Version hat. Manchmal wird es mit dem französischen *boeuf bourguignon* verglichen, allerdings duftet es nicht nach Rotwein, sondern nach Piment.

4 EL Rapsöl

4 Zwiebeln, geschält und in Ringe geschnitten

6 schwedische Anchovis (siehe Tipp)

2 EL Mehl

1 TL gemahlener Piment

Meersalz und schwarzer Pfeffer

1 kg mageres Rindergulasch

8 bunte dünne Karotten, geschält

1 EL Rotweinessig

1 l Rinderbrühe

1 kg vorwiegend festkochende Kartoffeln (etwa Désirée)

1 EL Butter

1 kleine Handvoll frische Petersilie ohne Stiele

eingelegte Rote Beten zum Servieren

eingelegte Zwiebeln (siehe Seite 286) zum Servieren

Für 6–8 Personen /
Vorbereitung: 30 Minuten /
Garzeit: 1½–2 Stunden /

In einem großen Topf 2 EL Rapsöl bei mittlerer Temperatur erhitzen. Zwiebeln und Anchovis darin 10–15 Minuten unter gelegentlichem Rühren braten, bis die Zwiebeln goldbraun sind. Mehl und Piment mit je 1 TL Salz und Pfeffer vermischen. Das Fleisch darin wenden.

Die gebräunten Zwiebeln aus dem Topf nehmen. Dann 2 EL Öl hineingeben und das Fleisch darin rundherum bräunen (gegebenenfalls portionsweise arbeiten). Zwiebeln, Karotten, Essig und Rinderbrühe zum gebräunten Fleisch geben. Bei halb geschlossenem Deckel 1–1½ Stunden sanft köcheln lassen, bis das Fleisch zart ist.

Etwa 30 Minuten vor Ende der Garzeit die Kartoffeln schälen, in große Stück schneiden und in Wasser garen. Abgießen, dann in Butter und Petersilie schwenken.

Das Gulasch mit Salz und Pfeffer abschmecken Mit Kartoffeln, eingelegten Roten Beten und eingelegten Zwiebeln servieren.

Tipp / Statt schwedischer Anchovis können Sie normale Sardellenfilets sowie zusätzlich 1 TL gemahlenen Piment, ½ TL gemahlenen Zimt und 1 Prise Muskatnuss verwenden.

Vorbereiten / Das Gulasch am Vortag kochen, damit es durchziehen kann.

STAUB
STAUB

Gelbe-Erbsen-Falafel mit Rotkohl und Dill

Falafel på ärtor med rökål och dill

Ich bin ein Fan von Gerichten, die man schnell aus dem Vorrat zaubern kann. Sie sind praktisch, wenn wir auf dem Land sind oder wenn es in der Stadt den ganzen Tag schneit. Erstaunt war ich über die Falafel-Szene in Malmö, der größten Stadt Südschwedens. Eine Zeitlang hatten Falafel-Restaurants dort mehr Zulauf als eine große amerikanische Burgerkette. Andererseits lieben die Schweden ihre Fleischbällchen, und Falafel schmecken definitiv besser (und sind gesünder) als durchschnittliche Burger. Meine Falafel können frittiert werden. Ich nehme aber die faule Abkürzung (dazu ist es noch die gesündere Variante): Ich gare sie in einem Muffinblech im Backofen.

Für 4 Personen /
vegetarisch /
Vorbereitung: 30 Minuten /
Garzeit: 40–45 Minuten /
Zubehör: Muffinblech für 12 Muffins /

3 EL Rapsöl

1 Zwiebel, geschält und fein gehackt

200 g Spinat (TK)

Meersalz

weißer Pfeffer

1 Prise frisch geriebene Muskatnuss

1 Dose (400 g) gelbe Erbsen oder Kichererbsen, abgetropft

40 g Kartoffelmehl

¼ Kopf Rotkohl (etwa 450 g)

1 großes Bund Dill, gehackt

4 Roggen-Dinkel-Fladen (siehe Seite 222) oder gekaufte Fladenbrote

150 g saure Sahne

eingelegte Zwiebeln zum Servieren (siehe Seite 286)

Den Backofen auf 240 °C vorheizen. Das Muffinblech mit 2 EL Öl großzügig fetten. In den Backofen schieben.

In einer großen Pfanne das restliche Öl (1 EL) erhitzen. Die Zwiebel darin 10 Minuten weich anschwitzen. Gefrorenen Spinat, etwas Salz und Pfeffer, Muskatnuss und gelbe Erbsen dazugeben, gemeinsam 10 Minuten köcheln lassen, bis die Flüssigkeit weitgehend verdampft ist. Vom Herd nehmen und die Masse zerdrücken. Das Mehl unterrühren. Etwas abkühlen lassen, dann aus der Masse zwölf gleichmäßige Kugeln (etwas kleiner als ein Golfball) formen.

Das Muffinblech aus dem Ofen nehmen und die Falafel in die Vertiefungen setzen. Vorsicht, dabei kann das Öl spritzen. Das Blech wieder in

den Ofen schieben, die Temperatur auf 220 °C herunterregeln. Die Falafeln 20–25 Minuten backen. Nach etwa 10 Minuten umdrehen, damit sie rundherum braun werden.

Den Kohl hobeln und mit 1 großen Prise Salz durchkneten. Den Dill untermischen.

Jedes Fladenbrot mit Rotkohl und drei Falafeln belegen. Saure Sahne und eingelegte Zwiebeln darauf verteilen, dann aufrollen und servieren.

Vorbereiten / Die Falafeln bis zu 3 Tage im Voraus zubereiten. Dann im Backofen bei etwa 90 °C aufwärmen.

Ofenlachs

Ungsbakad lax

An Feiertagen müssen es auch für mich meist opulente Traditionsgerichte sein. Doch in den letzten Jahren serviere ich um die Weihnachtszeit auch gern etwas Leichteres. Lachs in allen Variationen gehört auf jeden Fall auf das *julbord*: heiß oder kalt geräuchert, gebeizt, als Pastete, roh wie Carpaccio, gekocht oder gebraten. Für dieses Rezept wird er langsam und sanft im Ofen gebacken. So bleibt er wunderbar zart und saftig. Man kann ihn heiß servieren, er schmeckt aber auch sehr gut zimmerwarm.

Für 4 Personen /
Vorbereitung: 30 Minuten /
Ruhezeit: 20 Minuten /
Garzeit: 20 Minuten /

4 Lachsfilets ohne Haut (à etwa 150 g)
1 EL Meersalzflocken
1 EL Butter
1 Scheibe Roggenbrot, gewürfelt (5 mm)
4 EL Crème fraîche
Abrieb von 1 Bio-Zitrone
4 Radieschen, in dünne Scheiben gehobelt
2 Stängel frischer Dill

Die Lachsfilets auf beiden Seiten mit Meersalz bestreuen. 20 Minuten bei Zimmertemperatur ziehen lassen.

Den Backofen auf 120 °C vorheizen.

In einer großen Pfanne die Butter erhitzen. Wenn sie brutzelt, die Brotwürfel darin knusprig goldbraun braten. Beiseitestellen.

Den Fisch mit Küchenpapier abtupfen und in einem Bräter im Backofen 20 Minuten garen.

Zum Servieren jedes Stück Fisch mit 1 EL Crème fraîche bestreichen, mit Zitronenabrieb und Croûtons bestreuen. Mit Radieschenscheiben und Dill garnieren.

Vorbereiten / Sie können den Lachs am Vortag backen. Dann 30 Minuten vor dem Servieren aus dem Kühlschrank nehmen, garnieren und zimmerwarm servieren.

Janssons Versuchung

Janssons frestelse

Für 6 Personen /
Vorbereitung: 30 Minuten / Garzeit: 1 Stunde /
Zubehör: ofenfeste Form, 25 × 18 cm,
etwa 6 cm hoch /

Dieses Gericht gehört unbedingt auf die schwedische Weihnachtstafel, ich mag es aber auch zu anderen Jahreszeiten (am liebsten mit einem knackigen grünen Salat). Unbedingt eine große flache Form verwenden, denn je größer die Oberfläche, desto mehr leckere Kruste gibt es. Für das klassische Rezept werden nur Kartoffeln verwendet. Ich ersetze sie teilweise durch Rote Bete und Karotten: Das macht diesen klassischen Auflauf leichter und schön bunt.

1 EL Butter für die Form

700 g vorwiegend festkochende Kartoffeln, geschält und in dünne Scheiben geschnitten

1 TL Meersalz

1 TL schwarzer Pfeffer

400 g Sahne (am besten Konditorsahne; mind. 35 % Fettgehalt)

100 ml Milch

2 Karotten (etwa 200 g)

1 mittelgroße Knolle Rote Bete (etwa 100 g)

2 Zwiebeln

1 Dose (125 g) Sardellen oder schwedische Anchovis (siehe Seiten 14–15), abgetropft

2 EL Semmelbrösel

Den Backofen auf 220 °C vorheizen. Die Form ausbuttern.

In einem Topf die Kartoffelscheiben mit Salz, Pfeffer, Sahne und Milch zum Kochen bringen, dann 10 Minuten garen. Inzwischen Karotten und Rote Bete schälen, beides in dünne Stifte schneiden. Die Zwiebeln schälen und in dünne Ringe schneiden.

Die Kartoffelscheiben aus der Milch nehmen. Die Milch beiseitestellen. Eine Schicht Kartoffeln in die Form geben, darauf einen Teil der Zwiebeln, Roten Bete und Karotten geben. Wieder Kartoffeln in die Form schichten. Die Hälfte der Sardellen sowie der Zwiebeln, Roten Bete und Karotten darauf verteilen. Eine dritte Schicht Kartoffeln in die Form geben, mit den restlichen Zwiebeln, Roter Bete, Karotten und Sardellen bedecken. Alles mit der Milch übergießen.

Mit Alufolie abdecken und 30 Minuten im Ofen backen. Die Folie abnehmen, Semmelbrösel auf das Gericht streuen und weitere 30 Minuten backen. (Gegebenenfalls wieder mit Alufolie abdecken.)

Vorbereiten / Das fertig gebackene Gericht kann eingefroren werden. Zum Aufwärmen abgedeckt 50 Minuten bei 170 °C backen, dann ohne Folie weitere 10 Minuten backen.

Safranwecken

Lussekatter

So wie Ostereier zu Ostern gehören, tauchen diese Wecken kurz vor dem Lucia-Fest in Bäckereien, Supermärkten und sogar an Tankstellen auf. Am 13. Dezember ist es in Schweden Brauch, dass singende Kinder in weißen Gewändern mit Kerzen durch die Straßen ziehen und Licht in den deprimierend düsteren Winter bringen. Auch die goldgelben Wecken mit Rosinen sind ein fester Bestandteil der Tradition.

Ehrlich gesagt habe ich schon viel zu viele Wecken gegessen, die mir zu trocken waren. Darum habe ich eine Anleihe beim jüdischen *babka* gemacht und sie mit einer saftigen Rosinen-Gewürz-Paste gefüllt. Die Schicht ist nur dünn, aber sie macht diese Safranwecken schön klebrig-süß.

Ergibt 10 Stück /
vegetarisch /
Vorbereitung: 1 Stunde /
Ruhezeit: 2½–3½ Stunden oder über Nacht /
Backzeit: 20–25 Minuten /

Für die Rosinenpaste:

150 ml Milch
250 g Rosinen
1 TL gemahlener Zimt
1 TL Bourbon-Vanillezucker
3 EL Semmelbrösel aus Weißbrot

Für den Teig:

2 g Safranfäden
150 ml Milch
375 g Pizzamehl (Tipo 00), plus mehr für die Arbeitsfläche
50 g Zucker
½ TL feines Meersalz
1 TL Bourbon-Vanillezucker
16 g frische Hefe
75 g weiche Butter
2 Eier (Größe M), eines verquirlt, zum Einpinseln

Für die Rosinenpaste in einem Topf die Milch bis an den Siedepunkt erhitzen, aber nicht aufkochen. Rosinen, Zimt und Vanillezucker darin mindestens 1 Stunde, besser über Nacht, quellen lassen. Etwa 20 Rosinen für die Garnitur beiseitelegen. Rosinenmilch und Semmelbrösel in einem Mixer pürieren (nicht allzu glatt, einige Rosinen dürfen ganz bleiben).

Für den Teig die Safranfäden mindestens 30 Minuten in Milch einweichen, dann herausnehmen und entsorgen. In einer großen Schüssel Mehl, Zucker und Salz vermengen. In einem kleinen Topf Milch und Vanillezucker sanft auf Zimmertemperatur erhitzen. Die Hefe in eine kleine hitzebeständige Schüssel bröseln. Dann 2 EL der warmen Milch dazugeben und die Hefe darin auflösen. In die Mitte der trockenen Zutaten eine Mulde drücken. Hefe, restliche Milch, Butter und 1 Ei hineingeben. Alles in 5–7 Minuten zu einem glatten, geschmeidigen, nicht klebenden Teig verkneten. Dafür die Knethaken der Küchenmaschine verwenden oder von Hand auf einer bemehlten Arbeitsfläche kneten.

Den Teig in eine Schüssel legen, mit Frischhaltefolie abdecken und etwa 2 Stunden ruhen lassen, bis sich sein Volumen verdoppelt hat. Ein Backblech mit Backpapier auslegen.

Den Teig in zehn Kugeln teilen. Die Arbeitsfläche bemehlen und je eine Kugel rechteckig (etwa 20 × 15 cm) ausrollen. Dünn mit Rosinenpaste bestreichen, dabei rundherum einen 2 cm breiten Rand frei lassen. Den Teig aufrollen und die Enden zusammendrücken. Die Rolle mit der Naht nach unten auf die Arbeitsfläche legen. Mittig etwa 8 cm lang einschneiden, sodass die Schichten sichtbar werden. Beide Enden zur Mitte biegen. So entsteht eine S-Form. Die Enden gut andrücken. In jedes Ende 1 eingeweichte Rosine drücken. Die Wecken auf das Backblech legen. Die restlichen Teigkugeln ebenso verarbeiten.

Den Backofen auf 240 °C vorheizen. Die Wecken mit einem sauberen Geschirrtuch abdecken und 30 Minuten ruhen lassen.

Die Wecken mit verquirltem Ei bestreichen und 5 Minuten backen. Die Ofentemperatur auf 200 °C herunterregeln, und die Wecken in weiteren 15–20 Minuten goldbraun backen. Auf einem Gitterrost abkühlen lassen.

Vorbereiten / Die abgekühlten Wecken lassen sich gut einfrieren. Zum Aufbacken gefroren bei 170 °C etwa 20 Minuten in den Backofen schieben.

Milchreissoufflé

Soufflé på risgrynsgröt

In England kann man Milchreis in Dosen kaufen, in Frankreich steht er in Plastikbechern neben dem Joghurt und in Schweden wird er in einem Folienschlauch verpackt, sodass er wie eine dicke, weiße Wurst aussieht. Aber wie auch immer die Verpackung: Guter Milchreis ist einfach unwiderstehlich. Ich habe im Sommer mehrere Versuche unternommen, ihn einzufrieren und eine Art Eis daraus herzustellen, aber dabei wurde er immer nur steinhart (das Leben ist hart ohne Eismaschine!). Also habe ich versucht, ihn zu backen. Heraus kam ein köstliches Winterdessert, das viel besser schmeckt als alles, was man fertig kaufen kann.

Für 6 Personen /
glutenfrei /
Vorbereitung: 30 Minuten /
Garzeit: 30 Minuten /
Zubehör: 6 Souffléförmchen, etwa 9 × 6 cm /

150 g Milchreis
700 ml Milch
2 Zimtstangen
1 Prise feines Meersalz
1 Vanilleschote, längs aufgeschlitzt
1 EL Zucker (nach Belieben), plus 50 g
2 EL weiche Butter
4 EL Rohrohrzucker
1 TL gemahlener Zimt
2 Eiweiß (Größe M)

In einem Topf Milchreis, Milch, Zimtstangen, Salz und Vanilleschote zum Kochen bringen, dann 15 Minuten sanft köcheln lassen, bis der Reis weich ist. Zwischendurch gelegentlich mit einem Kochlöffel umrühren, damit der Milchreis nicht anbrennt. Den Milchreis vom Herd nehmen und nach Belieben 1 EL Zucker unterrühren. Etwas abkühlen lassen, dann im Mixer den Milchreis glatt pürieren.

Während der Milchreis gart, die Formen ausbuttern. Dabei die Butter mit aufwärts gerichteten Strichen vom Boden zum Rand verstreichen, damit die Soufflémasse gleichmäßig aufgeht.

In einer kleinen Schüssel Zucker und Zimt vermischen. Die gesamte Menge in eine Form schütten, dann die Form schräg halten und zwischen den Händen drehen, um so die zuvor gefettete

Oberfläche gleichmäßig mit der Zuckermischung zu bedecken. Die Zucker-Zimt-Mischung in die nächste Form schütten und wiederholen. Die vorbereiteten Formen bis zur Verwendung in den Kühlschrank stellen.

Den Backofen auf 220 °C vorheizen.

In der Küchenmaschine die Eiweiße schaumig schlagen. Bei laufendem Motor langsam 50 g Zucker einrieseln lassen und weiter schlagen, bis die Masse steife Spitzen zieht und glänzt. Den pürierten Milchreis vorsichtig unter den Eischnee heben.

Die Masse in die Formen füllen, ohne die Außenseite zu bekleckern. Auch die Ränder der Formen müssen unbedingt sauber bleiben. Die gefüllten Formen in den Ofen schieben und die Temperatur auf 200 °C herunterregeln. Die Soufflés 12–15 Minuten backen, bis sie gut aufgegangen sind. Dann aus dem Ofen nehmen und sofort servieren.

Tipp / Um den Reis schnell abzukühlen, stelle ich eine Backform in den Gefrierschrank und fülle den warmen Reis in die eiskalte Form um.

Vorbereiten / Wenn die Zeit knapp ist, können Sie 475 g gekauften Milchreis verwenden. Weil diese Produkte oft sehr süß sind, nur 1 EL Zucker an den Eischnee geben.

Pfefferkuchenpie mit Birnen

Pepparkakspaj med päron

Pepparkakor (Pfefferkuchen) haben in Schweden eine lange Tradition. Sie kamen im 15. Jahrhundert aus Deutschland hierher und haben sich auch deshalb durchgesetzt, weil sie so lange haltbar sind. Ursprünglich wurden sie nur mit Pfeffer gewürzt, der schon damals als Heilpflanze galt (was übrigens richtig ist). Traditionell wird der Teig mit Honig gesüßt, aber der Sirup bringt eine wärmende Lakritznote mit sich. Vanilleeis und Birnen bilden einen tollen Kontrast zu dem eher rustikalen Teig mit Roggen- und Dinkelvollkornmehl.

Für 6–8 Personen / vegetarisch /
Vorbereitung: 20 Minuten /
Backzeit: 40 Minuten /
Zubehör: Tannenbaum-Ausstechform, runde Backform, 23 cm Durchmesser /

165 g Butter, plus mehr für die Form
80 g Rohrohrzucker, plus 1 EL zum Bestreuen
75 ml dunkler Zuckerrübensirup
225 g Dinkelvollkornmehl
100 g Roggenmehl
1 TL gemahlener Zimt
2 TL gemahlener Ingwer
1 TL schwarzer Pfeffer
1 TL gemahlener Piment
1 Prise feines Meersalz

Für die Füllung:
8 Kugeln gutes Vanilleeis
8 Birnen (etwa Williams Christ; etwa 600 g)

Den Backofen auf 180 °C vorheizen. Die Eiskugeln nebeneinander auf ein kleines Backblech setzen und in den Gefrierschrank stellen. Ein

Backblech mit Backpapier auslegen. Die Backform ausbuttern.

Die Butter würfeln. In einem Topf mit Zucker und Sirup erhitzen. Rühren, bis die Butter flüssig ist. Etwas abkühlen lassen. In einer Schüssel Mehle, Gewürze und Salz vermischen. Die flüssige Butter dazugeben und alles zu einem festen Teig verarbeiten.

Den Teig zwischen zwei Bögen Backpapier 3 mm dünn ausrollen. Daraus zwölf Bäumchen ausstechen, auf dem Backblech mit 1 EL Zucker bestreuen, dann 10–12 Minuten backen, bis sich die Plätzchen fest anfühlen.

Die Birnen schälen, entkernen und in dünne Scheiben schneiden. In der Form mit dem restlichen Teig überbröseln. Im Ofen 40 Minuten backen, bis die Brösel knusprig sind.

Die Eiskugeln auf die Brösel setzen. Die Plätzchen dazu arrangieren. Sofort servieren.

Tipp / Sie können auch den ganzen Teig verwenden, um Plätzchen auszustechen.

Vorbereiten / Die Plätzchen halten sich luftdicht verpackt einige Wochen. Die überbackenen Birnen können – gut verpackt – eingefroren werden. Dann im Ofen bei 170 °C 30 Minuten aufbacken.

Kokosberge mit Beeren

Kokostoppar

Traditionell werden für diese Makronen nur Kokosraspel verwendet. Beim Rösten ist mir aber mal die Hälfte der Kokosraspel verbrannt, also habe ich mit Sesam und gemahlenen Mandeln experimentiert. Den nussigen Geschmack finde ich köstlich. Die weiß-rote Garnierung sieht hübsch aus, aber der Kontrast zwischen süßer Schokolade und herben Beeren ist auch geschmacklich ein echtes Erlebnis.

Ergibt 20 Stück /
vegetarisch / glutenfrei /
Vorbereitung: 20 Minuten /
Backzeit: 30–35 Minuten /

100 g Rohrohrzucker
½ TL feines Meersalz
Abrieb von 1 Bio-Zitrone
120 g Butter
200 g Kokosraspel
150 g Sesamsamen
50 g gemahlene Mandeln
3 Eier (Größe M)
350 g weiße Schokolade
125 g Preisel- oder Rote Johannisbeeren

Den Backofen auf 200 °C vorheizen. Zwei Backbleche mit Backpapier auslegen.

In einem Topf Zucker, Salz, Zitronenabrieb und Butter bei mittlerer Temperatur zerlassen. Beiseitestellen.

Die Kokosraspel auf einem Backblech verteilen und im Ofen in 5 Minuten goldbraun rösten. Zwischendurch durchrühren. Aus dem Ofen nehmen und in einer großen Schüssel mit Sesamsamen und gemahlenen Mandeln vermischen. Die flüssige Buttermischung gut unterrühren. Die Eier aufschlagen und sorgfältig unterrühren. Die Masse etwas abkühlen lassen.

Aus der Masse 20 kleine Kegel (etwa 4 cm hoch und 5 cm Durchmesser) formen und auf das zweite Blech setzen. Die Berge 20–25 Minuten backen, bis die Spitzen hell goldbraun sind und sich fest anfühlen. Aus dem Ofen nehmen und auf einem Gitterrost abkühlen lassen.

Inzwischen in einer hitzebeständigen Schüssel über einem Topf mit schwach kochendem Wasser die Schokolade unter gelegentlichem Rühren schmelzen. Der Schüsselboden darf das Wasser nicht berühren. Die Makronen in die flüssige Schokolade tauchen und jede mit 3–4 Beeren garnieren.

Tipp / Die Makronen noch warm mit Schokolade überziehen, das funktioniert besser.

Vorbereiten / Luftdicht verpackt halten sich die Makronen einige Tage.

Zitronenparfait mit Dill

Citron och dill parfait

Dieses leichte Dessert ist genau der richtige Gegenpart zu dem üppigen Weihnachtsschmaus. Frisch-säuerliche Zitrone und Dill mit seinem feinen Anisgeschmack werden in Schweden oft verwendet, meist allerdings für herzhafte Gerichte. Dabei schmecken die beiden gepaart auch in süßen Speisen toll. Wenn ich gerade Lemon Curd im Haus habe (siehe Seite 134), rühre ich gern einige Löffel unter die Parfaitmasse.

Für 6–8 Personen /
vegetarisch / glutenfrei /
Vorbereitung: 30 Minuten /
Gefrierzeit: mindestens 6 Stunden /
Zubehör: 450-ml-Kastenform /

2 Eier (Größe M), getrennt
Abrieb von 1 Bio-Zitrone
1 EL frisch gehackter Dill, plus mehr zum Servieren
1 EL Wodka
90 g Zucker
150 g Schlagsahne
300 g saure Sahne
3 EL Lemon Curd (nach Belieben)

Die Kastenform mit Frischhaltefolie auslegen. In einer hitzebeständigen Schüssel auf einem Topf mit schwach kochendem Wasser Eigelbe, Zitronenabrieb, Dill, Wodka und die Hälfte des Zuckers 5 Minuten schlagen, bis die Masse hell und dicklich ist. Dabei darf der Schüsselboden das Wasser nicht berühren. Vom Wasserbad nehmen und beiseitestellen.

In einer weiteren Schüssel die Sahne steif schlagen. In einer dritten Schüssel die Eiweiße zu Eischnee schlagen, dabei langsam den restlichen Zucker (45 g) einrieseln lassen. Die saure Sahne unter die leicht abgekühlte Eigelbmasse heben, dann auch den Eischnee unterheben. Nach Belieben den Lemon Curd unterziehen. Die Masse in die vorbereitete Form füllen, mit Frischhaltefolie abdecken und mindestens 6 Stunden tiefkühlen.

Das Dessert 10 Minuten vor dem Servieren aus dem Gefrierschrank nehmen. Aus der Form stürzen, die Frischhaltefolie entfernen und das Parfait in dicke Scheiben schneiden.

Vorbereiten / Im Gefrierschrank hält sich das Parfait etwa 1 Monat.

Minz-Schoko-Windbeutel

Polkagris och choklad profiteroles

Die südschwedische Kleinstadt Gränna ist ein Paradies für Süßschnäbel. Beinahe jeder zweite Laden bietet Süßes an, größtenteils aus eigener Produktion. Von der Straße aus kann man beispielsweise durchs Schaufenster zusehen, wie Zuckerstangen aus heißer Bonbonmasse hergestellt werden. Traditionelle schwedische Zuckerstangen sind rot-weiß und schmecken nach Pfefferminze, es gibt aber auch Varianten in vielen anderen Geschmacksrichtungen und Farben. Für die Kombination Schokolade-Minze darf sich nicht nur England rühmen. Auch die Schweden naschen gern harte finnische Pfefferminzbonbons mit weichem Schokoladenkern. Wer Pfefferminze nicht so gern mag, bestreut die Eischneehaube mit gehackter Schokolade oder gerösteten Nüssen.

Für 6–8 Personen /
vegetarisch /
Vorbereitung: 45 Minuten /
Garzeit: 60 Minuten /
Zubehör: 3 Spritzbeutel mit 1-cm-Tülle, Sprühflasche mit Wasser /

Für die Füllung:

3 Eigelb (Größe M)
50 g Zucker
20 g Speisestärke
250 ml Milch
25 g Kakaopulver
100 g Schlagsahne

Für den Brandteig:

60 ml Milch
50 g Butter, gewürfelt
½ TL feines Meersalz
½ TL Zucker
100 g Mehl
2 Eier (Größe M)

Für die Eischneemasse:

120 g Zucker
3 Eiweiß (Größe M)
50 g Pfefferminz-Zuckerstange (*polkagris*), zerstoßen

Für die Füllung in einer Schüssel Eigelbe und Zucker hell-schaumig schlagen, dann die Speisestärke unterrühren. In einem Topf Milch und Kakaopulver klümpchenfrei verrühren. Kurz aufkochen, dann den Herd abschalten. Ein tiefes Backblech mit Frischhaltefolie auslegen.

Die Milch langsam unter ständigem Rühren zur Eigelb-Zucker-Mischung gießen. Alles in einen sauberen Topf umfüllen und langsam erhitzen. Ständig rühren, damit nichts anbrennt. Sobald die Creme eindickt und eine oder zwei Blasen aufsteigen, den Topf vom Herd nehmen. Die Masse auf das Backblech gießen und mit Frischhaltefolie abdecken. Dabei muss diese flächig auf der Creme liegen. Mindestens 1 Stunde in den Kühlschrank stellen.

Für den Brandteig den Backofen auf 200 °C vorheizen. Zwei Backbleche mit Backpapier auslegen. In einem Topf 65 ml Wasser mit Milch, Butter, Salz und Zucker hoch erhitzen, bis die Butter schmilzt. Auf niedrige Temperatur herunterregeln und das gesamte Mehl kräftig mit einem Kochlöffel einrühren, bis der Teig zusammenhält und sich von der Topfwand löst. Der Kochlöffel sollte senkrecht im Teig stehen bleiben können. Den Topf vom Herd nehmen und rühren, bis der Teig noch lauwarm ist. Die Eier nacheinander einrühren. Wenn der Teig dabei klumpig wird, weiter rühren, bis er wieder glatt ist. Dann in einen Spritzbeutel mit 1-cm-Lochtülle füllen.

Das Backpapier auf den Backblechen an den Ecken mit Teigtupfen beschweren. Auf ein Blech 15 Windbeutel spritzen (etwas größer als eine Walnuss). Dafür die Tülle des Spritzbeutels senkrecht 5 mm über das Blech halten, eine Teigkugel spritzen und danach die Tülle rasch zur Seite ziehen, damit der Teig abreißt. Die anderen 14 Windbeutel ebenso spritzen, dazwischen jeweils 3 cm Platz lassen. Spitzen auf den Teigkugeln mit einem angefeuchteten Finger vorsichtig glätten, damit sie beim Backen nicht verbrennen. Auf das zweite Blech ebenfalls 15 Windbeutel spritzen, die aber etwas kleiner als die vorherigen sind (knapp walnussgroß). Die Windbeutel vor dem Backen mit etwas Wasser einsprühen, damit der Teig besser aufgeht. Dann im Ofen backen, bis die Windbeutel goldbraun und knusprig sind. Die kleineren brauchen etwa 20 Minuten, die größeren 25–30 Minuten. Aus dem Ofen nehmen. Die Unterseite jedes Windbeutels mit einem Essstäbchen oder Zahnstocher einstechen, damit der Dampf entweichen kann. Abkühlen lassen. Den Ofen nicht abschalten.

Für die Eischneemasse ein Backblech mit Backpapier auslegen. Den Zucker darauf verteilen und etwa 10 Minuten in den Backofen schieben. Inzwischen mit einem Handmixer die Eiweiße schaumig schlagen. Bei laufendem Motor (mittlere bis hohe Geschwindigkeit) den heißen Zucker hineingeben. Den Zucker von der Schüsselwand schaben. Danach bei hoher Geschwindigkeit weitere 5–10 Minuten schlagen, bis die Eischneemasse kühl ist und glänzt.

Inzwischen die abgekühlte Füllung aufschlagen, um Klümpchen zu beseitigen. Die Schlagsahne steif schlagen und unterheben. Die Creme in einen Spritzbeutel mit 1-cm-Lochtülle füllen und in die abgekühlten Windbeutel spritzen. Die Windbeutel kranzförmig auf einer großen Platte anordnen.

Die Eischneemasse in einen Spritzbeutel mit 1-cm-Lochtülle füllen. Auf jeden Windbeutel einen Klecks der Masse spritzen, dann mit zerstoßener Zuckerstange bestreuen.

Vorbereiten / Die Windbeutel am Vortag backen und luftdicht verpackt aufbewahren. Auch die Creme kann am Vortag gekocht werden; die Sahne aber noch nicht unterheben. Die Windbeutel unbedingt erst kurz vor dem Servieren füllen und garnieren.

Pfefferkuchen mit Blauschimmelkäse

Pepparkaka och blåmögelost kex

Wenn sich gute Freunde auf ein Glas *glögg* (oder zwei) treffen, stehen immer viele leckere Kleinigkeiten auf dem Tisch. Besonders gern mag ich Pfefferkuchen mit Blauschimmelkäse. Die Kombination mag ungewöhnlich sein, aber die würzigen Plätzchen passen überraschend gut zum pikanten Käse. Diese Plätzchen sind nicht hart wie Knäckebrot, sondern so mürbe, dass sie buchstäblich auf der Zunge zergehen. Das liegt daran, dass der Teig jede Menge Butter enthält. Mein Rezept für *glögg* finden Sie auf Seite 280.

Ergibt etwa 30 Doppeldecker / vegetarisch /
Vorbereitung: 15 Minuten /
Ruhezeit: 1 Stunde /
Backzeit: 10–12 Minuten /
Zubehör: Ausstechform, 4 cm Durchmesser /

Für den Teig:

110 g Roggenmehl

110 g Mehl (Type 405), plus mehr für die Arbeitsfläche

1 TL gemahlener Ingwer

½ TL gemahlener Zimt

¼ TL gemahlene Gewürznelken

Samen aus 3 Kardamomkapseln, zerdrückt, oder ¼ TL gemahlener Kardamom

½ TL Natron

¼ TL feines Meersalz

80 g kalte Butter

50 g dunkler Waldhonig

3 EL starker Kaffee (aus 1 TL Instantkaffee)

Für die Füllung:

150 g Blauschimmelkäse

150 g Frischkäse

In einer großen Schüssel beide Mehle, Gewürze, Natron und Salz vermengen. Die Butter mit den Fingerspitzen oder im Mixer fein-bröselig untermengen. Honig und Kaffee unterrühren. Den Teig zügig zu einer Kugel zusammendrücken, dabei möglichst wenig kneten. In Frischhaltefolie wickeln und mindestens 1 Stunde in den Kühlschrank legen.

Den Backofen auf 200 °C vorheizen. Zwei Backbleche mit Backpapier auslegen.

Den Teig in zwei Hälften teilen. Die Arbeitsfläche bemehlen. Die erste Teigportion darauf kurz durchkneten, dann etwa 2 mm dünn ausrollen. Plätzchen ausstechen und auf das Blech legen. Den restlichen Teig erneut ausrollen und weitere Plätzchen ausstechen. Dies sind die Unterteile der Doppeldecker.

Mit der zweiten Teigportion ebenso verfahren, nun aber in die Mitte jedes Plätzchens ein Loch stechen. Dafür eignet sich eine 1-cm-Lochtülle für den Spritzbeutel sehr gut. Diese Plätzchen mit Loch bilden die Oberteile der Doppeldecker.

Die Plätzchen im Ofen 10–12 Minuten backen, bis sie fest und knusprig sind. Auf einem Gitterrost abkühlen lassen.

Während die Plätzchen abkühlen, Blauschimmelkäse und Frischkäse miteinander verrühren. Auf jedes Unterteil 1 geh. EL der Creme setzen (oder mit einem Spritzbeutel darauf tupfen), dann das Oberteil aufsetzen und vorsichtig andrücken.

Vorbereiten / Die gefüllten Plätzchen sollten am selben Tag verzehrt werden. Ohne Füllung halten sie sich luftdicht verpackt etwa 2 Wochen.

In *glögg* pochierte Birnen

Päron pocherade i Glögg med citrus chantilly grädde

In den Wintermonaten habe ich immer Reste von einer *glögg*-Party, denn jeder bringt noch eine Flasche mit, wenn er eingeladen ist. Dieser Rest eignet sich bestens, um Birnen darin zu pochieren. Mit etwas aromatisierter Sahne oder, wenn die Zeit knapp ist, einer Kugel Vanilleeis, geben sie ein fantastisches Winterdessert ab. Ich gebe hier auch das Rezept für den *glögg* an. Alternativ eine 1-l-Flasche kaufen oder einen Rest verbrauchen.

6 kleine feste Birnen (etwa Conférence)
750 ml fruchtiger Rotwein
175 g Zucker
5 Gewürznelken
Zesten von 1 Bio-Orange
1 Zimtstange

Für die Sahne:
250 g Schlagsahne
4 EL Puderzucker, gesiebt
Abrieb von 1 Bio-Orange

6 Kugeln gutes Vanilleeis zum Servieren

Ergibt 6 Stück /
vegetarisch / glutenfrei /
Vorbereitung: 15 Minuten /
Garzeit: 20–25 Minuten /
Ruhezeit: 6 Stunden /

Die Birnen schälen, dabei den Stiel nicht entfernen. Den Rotwein in einen mittelgroßen Topf gießen. Zucker, Gewürznelken, Orangenabrieb und Zimtstange dazugeben. Alles sanft köcheln lassen, bis der Zucker vollständig aufgelöst ist.

Die Birnen in den Glühwein legen und gerade zum Köcheln bringen. So 20–25 Minuten pochieren, bis sich die Birnen leicht mit einem Messer einstechen lassen. Wenn die Birnen aufschwimmen, mit einem fest zerknüllten Stück Backpapier beschweren, damit sie untergetaucht bleiben. Die Birnen im Sud abkühlen lassen, dann mindestens für 6 Stunden in den Kühlschrank stellen, damit die Farbe schön intensiv wird.

Die Birnen gekühlt oder zimmerwarm servieren. Kurz zuvor die Sahne halbsteif schlagen, dann den Puderzucker kurz unterschlagen. Den Orangenabrieb unter die Sahne rühren.

Die Birnen mit einem Klecks Sahne oder 1 Kugel Vanilleeis servieren.

Vorbereiten / Die Birnen können am Vortag pochiert werden. Dann bis zum Servieren im Sud ziehen lassen.

Pastinakenkuchen mit Krokant

Tårta med pralin och palsternacka

Für 8–10 Personen / vegetarisch / Vorbereitung: 30 Minuten / Ruhezeit: 30 Minuten / Garzeit: 1 Stunde / Zubehör: Springform, 23 cm Durchmesser, Silikonbackmatte /

Als Kuchenzutat mögen Pastinaken, die man eigentlich vom Sonntagsbraten her kennt, Ihnen merkwürdig vorkommen, aber sie eignen sich dafür ebenso gut wie Karotten. Die weißlichen Wurzeln besitzen eine natürliche Süße, also kann man Zucker einsparen. Außerdem schmecken sie angenehm nussig und sorgen dafür, dass der Teig herrlich saftig wird. Einen ähnlichen Kuchen gab es zur Taufe unseres Babys.

Für den Kuchen:

150 g Vollkornweizenmehl

50 g gemahlene Haselnüsse

1 EL Backpulver

½ TL gemahlener Zimt

½ TL feines Meersalz

3 Eier (Größe M)

100 g hellbrauner Zucker

150 ml Sonnenblumenöl

200 g Pastinaken, geschält und geraspelt

Für den Krokant:

150 g blanchierte Haselnüsse

150 g Zucker

Für die Creme:

100 g weiche Butter

200 g Frischkäse

50 g Puderzucker

Den Backofen auf 200 °C vorheizen. Die Springform mit Backpapier auslegen.

In einer Schüssel Mehl, gemahlene Nüsse, Backpulver, Zimt und Salz vermengen. In einer weiteren Schüssel Eier und Zucker schaumig schlagen, dann das Öl unterrühren. Die Mischung gemeinsam mit den Pastinaken unter die trockenen Zutaten heben.

Den Kuchen in der Springform 30–35 Minuten backen, bis an einem eingestochenen Stäbchen keine Teigreste haften. Noch 5 Minuten in der Form abkühlen lassen, herausnehmen und auf einem Gitterrost komplett erkalten lassen.

Für den Krokant die Silikonbackmatte auf ein Backblech legen. In einer Pfanne die Nüsse ohne Fett hell goldbraun rösten. Abkühlen lassen und grob hacken.

Auf dem Boden einer großen Pfanne etwas Zucker verteilen und bei hoher Temperatur schmelzen. Sofort etwas mehr Zucker einstreuen. Wiederholen, bis der ganze Zucker verbraucht ist. Die Pfanne zwischendurch schwenken (nicht rühren). Wenn der Zucker hell goldbraun ist, sofort vom Herd nehmen und die Nüsse unterrühren. Alles auf die Backmatte gießen und komplett erkalten lassen. Den Krokant im Mixer grob zerkleinern.

Für die Creme in einer Schüssel die Butter mit dem Frischkäse verrühren, dann den Puderzucker auf die Masse sieben und glatt rühren.

Den Kuchen quer halbieren. Die untere Hälfte auf eine Servierplatte legen und einige EL Creme darauf verteilen. Die obere Hälfte aufsetzen und den Kuchen mit der restlichen Creme bestreichen. Rand und Seiten mit dem Krokant bestreuen.

Tipps / Der Kuchen schmeckt auch ohne Creme und Krokant gut.

Reste vom Krokant halten sich luftdicht verpackt recht lange. Sehr praktisch, um Desserts aller Art zu veredeln!

Vorbereiten / In Frischhaltefolie eingewickelt hält sich der reine Kuchen 4 Tage im Kühlschrank. Sie können ihn auch einige Monate einfrieren.

Haselnuss-Apfel-Küchlein

Nötkaka med äpple

Braune Butter als Zutat für Kuchenteig erinnert mich an meine Zeit in Frankreich. Man muss zwar einen Topf mehr abwaschen, aber es lohnt sich, denn sie gibt dem Teig einen wunderbar nussigen Geschmack. Äpfel und Haselnüsse passen hervorragend zusammen, Sie können aber auch Birnen verwenden.

Ergibt 12 kleine oder 6 größere Küchlein /
vegetarisch /
Vorbereitung: 30 Minuten /
Backzeit: 12–20 Minuten /
Zubehör: Muffinblech für 12 Muffins oder Blech für 6 Mini-Gugelhupfe /

100 g blanchierte Haselnüsse
130 g Butter
20 g Honig
5 Eiweiß (Größe M)
100 g Puderzucker, gesiebt
1 Prise gemahlene Vanille
100 g Mehl (Type 405)
1 Prise Backpulver
1 Prise feines Meersalz
1 großer Apfel (etwa Boskop), entkernt und gewürfelt (5 mm)

In einer Pfanne die Haselnüsse ohne Fett goldbraun rösten. Abkühlen lassen und im Mixer fein mahlen. Die Pfanne auswischen. Die Butter darin erhitzen, bis sie dunkel goldbraun ist. Sofort vom Herd nehmen und abkühlen lassen. Den Honig unterrühren.

Die Eiweiße schaumig schlagen. Bei laufendem Motor löffelweise den Zucker einrühren. Schlagen, bis die Masse fest ist und glänzt.

Den Backofen auf 200 °C vorheizen.

In einer großen Schüssel gemahlene Vanille, Mehl, Backpulver und Salz vermengen. Ein Drittel der Eiweißmasse unterrühren, dann die abgekühlte Butter dazugeben. Die restliche Eiweißmasse und die Hälfte der Apfelwürfel unterheben. Für Mini-Gugelhupfe einige Apfelwürfel in die Formen geben. Den Teig in die Formen verteilen. Für Muffins die restlichen Apfelwürfel auf dem Teig verteilen.

Muffins etwa 12–15 Minuten im Ofen backen, Mini-Gugelhupfe etwa 15–20 Minuten. Sie sind jeweils fertig, wenn an einem eingestochenen Stäbchen keine Teigreste mehr haften. Einige Minuten in den Formen abkühlen lassen, dann auf ein Gitterrost stürzen.

Tipp / Statt Haselnüssen können auch Mandeln verwendet werden. Sie haben einen milderen Geschmack.

Vorbereiten / Die Küchlein lassen sich gut einfrieren. Dafür komplett abkühlen lassen und in einem Gefrierbeutel verpacken.

Glühwein

Glögg

Wenn der Winter am finstersten ist, zünden die Skandinavier Kerzen an und stellen einen großen Topf mit gewürztem Rotwein auf den Herd, der gemeinsam mit Freunden geleert wird. Dass er stets in kleinen Gläsern serviert wird, hat seinen Grund: Vor allem in der Adventszeit kommt es öfter vor, dass man an einem einzigen Nachmittag zu mehreren *glögg*-Runden eingeladen ist.

Glögg ähnelt dem Glühwein, hat aber eine Besonderheit, an die ich mich erst gewöhnen musste: Man gibt einen kleine Portion Rosinen und blanchierte Mandeln ins Glas, die in der warmen Flüssigkeit aufquellen und nach dem Austrinken gelöffelt werden. *Glögg* schmeckt besonders gut zu *lussekatter* (siehe Seite 254).

Ergibt 1 l /
vegetarisch / glutenfrei /
ohne Milchprodukte /
Vorbereitung: 5 Minuten /
Ruhezeit: am besten 1 Woche /
Garzeit: 10 Minuten /

1 Zimtstange, in Stücke gebrochen

10 Gewürznelken

2–3 Stücke getrockneter Ingwer oder 1 TL frisch geriebener Ingwer

5 Kardamomkapseln, zerstoßen

Abrieb von 1 Bio-Orange

8 Rosinen

100 ml Wodka

750 ml Rotwein

100 g Zucker

Zum Servieren (nach Belieben):

10–20 blanchierte Mandeln

4 EL Rosinen

In einem großen Schraubglas Zimt, Gewürznelken, Ingwer, Kardamom, Orangenabrieb und Rosinen mit dem Wodka aufgießen. Fest zuschrauben und an einem kühlen, dunklen Ort 1 Woche durchziehen lassen.

Dann die Mischung in einem Topf mit Rotwein und Zucker erhitzen, bis der Zucker aufgelöst ist (aber nicht kochen!). Abkühlen lassen, dann durch ein feines Sieb in einen Krug gießen, um die Gewürze zu entfernen. In sterilisierte Flaschen füllen.

Zum Servieren den *glögg* behutsam erhitzen. In jedes Glas einige Rosinen und Mandeln geben und mit dem warmen *glögg* aufgießen.

Dinkelgrütze mit Karamellbruch

Dinkelgröt med kanel karamellbräck

Am Weihnachtsabend stellt man in Schweden *jultomten*, dem schwedischen Weihnachtsmann, eine Schüssel süßer Grütze hin, die kräftig mit Zimt gewürzt wird. Traditionellerweise wird eine große Portion zubereitet, denn was übrig bleibt, gibt es am nächsten Morgen zum Frühstück.

Für 4 Personen / vegetarisch /
Vorbereitung: 10 Minuten /
Einweichzeit: über Nacht /
Garzeit: 55–65 Minuten /
Zubehör: Silikonbackmatte und Zuckerthermometer /

Für den Karamellbruch:

100 g Zucker
50 g Zuckerrübensirup
1 TL gemahlener Zimt, plus mehr zum Servieren
1 TL Natron

200 g Perldinkel
2–2,5 l Milch
1 Zimtstange
½ TL feines Meersalz

Den Dinkel über Nacht in 2 l Milch einweichen.

Für den Karamellbruch die Backmatte auf ein Backblech legen. In einem großen schweren Topf Zucker und Sirup langsam auf 150 °C erhitzen. Die Mischung ist dann goldbraun und brodelt, mit dem Zuckerthermometer prüfen. Vom Herd nehmen und zügig Zimt und Natron einrühren (Vorsicht, die Mischung schäumt und steigt auf). Sofort auf die Backmatte gießen. Abkühlen lassen, dann in den Kühlschrank stellen. Die Hälfte des harten Karamellbruchs grob zerbröseln.

In einem großen Topf den eingeweichten Dinkel mit Milch sowie Zimtstange und Salz zum Kochen bringen, dann 45–55 Minuten köcheln lassen, bis die Körner weich sind und die Grütze eine cremige Konsistenz hat. Zwischendurch regelmäßig umrühren, damit nichts anbrennt. Vom Herd nehmen. Falls die Grütze zu fest ist, etwas Milch unterrühren. Auf Schälchen verteilen, mit dem Karamellbruch sowie etwas Zimt bestreuen und servieren.

Tipps / Reste des Karamellbruchs halten sich luftdicht verpackt mehrere Tage.

Anstelle von Dinkel können Sie auch Perlgraupen verwenden.

Vorbereiten / Die Grütze hält sich luftdicht verpackt im Kühlschrank mehrere Tage. Beim Aufwärmen etwas Milch unterrühren.

ALLERLEI & NEBENBEI

Rote-Bete-Fladenbrot

Tunnbröd gjort på rödbetor

In meinem *Küchentagebuch* stelle ich einen Schicht»kuchen« vor, für den schwedische Fladenbrote verwendet werden. Da ich das Rezept häufig auf Vorführungen präsentiert habe, hatte ich immer gekaufte Fladenbrote im Gepäck (manchmal muss man tricksen). Man kann diese farbenfrohen Brote belegen und zum Picknick oder zur Arbeit mitnehmen oder für eine rote *romtårta* (siehe Seite 100) verwenden.

190 g Mehl (Type 550), plus mehr für die Arbeitsfläche / 60 g Roggenmehl / 3,5 g (1 geh. TL) Trockenhefe / 1 TL feines Meersalz / 1 TL Fenchelsamen, plus mehr zum Bestreuen (nach Belieben) / 110 ml Rote-Bete-Saft / 40 g saure Sahne / 1 EL flüssiger Honig / 2 EL zerlassene Butter / 1 Ei, verquirlt /

Ergibt 6 Stück / vegetarisch / Vorbereitung: 30 Minuten / Ruhezeit: 2 Stunden / Backzeit: 15 Minuten /

In einer großen Schüssel beide Mehle, Hefe, Salz und Fenchelsamen mischen. In einer zweiten Schüssel Rote-Bete-Saft, saure Sahne und Honig verrühren und unter die trockenen Zutaten rühren. Kurz mit den Händen verkneten. Die Arbeitsfläche bemehlen und den Teig in 5 Minuten glatt und elastisch kneten.

Eine mittelgroße Schüssel mit der zerlassenen Butter einpinseln. Den Teig hineinlegen und in der Butter wenden. Mit Frischhaltefolie abdecken. An einem warmen Ort ohne Zugluft 1–1½ Stunden ruhen lassen, bis sich das Volumen verdoppelt hat. Ein großes Backblech mit Backpapier auslegen.

Die Arbeitsfläche wiederum bemehlen, ebenso ein Rollholz. Den Teig in sechs Stücke teilen. Jedes kurz durchkneten, dann zur Kugel formen. Die Kugeln zu 8 mm dicken Kreisen ausrollen. Auf das Backblech legen, mit einem sauberen, feuchten Geschirrtuch abdecken und 30 Minuten ruhen lassen. Den Backofen auf 190 °C vorheizen.

Die Teigkreise mehrmals mit einer Gabel einstechen (ich benutze meine Stachelrolle, das geht schneller), mit verquirltem Ei bestreichen und im Ofen 15 Minuten backen. Nicht braun werden lassen! Aus dem Ofen nehmen und zum Warmhalten in ein sauberes Geschirrtuch wickeln. Warm oder zimmerwarm essen oder für eine *romtårta verwenden.*

Tipp / Je klebriger der Teig, desto saftiger wird das Brot. Wenn er so klebrig ist, dass er sich nicht verarbeiten lässt, mit etwas Roggenmehl bestreuen.

Vorbereiten / Frisch gebacken lassen sich die Brote gut einfrieren. Backpapier dazwischen legen und fest in Folie wickeln oder in einen Gefrierbeutel schichten.

Eingelegte Zwiebeln

Rosa inlagd lök

Diesen rosafarbenen Zwiebeln entkommt man nicht; sie finden sich wohl in jedem skandinavischen Kühlschrank. In herzhaften Gerichten gleichen sie die schwereren Aromen der schwedischen Küche mit etwas Pfiff aus.

Ergibt 1,5 l / vegetarisch / glutenfrei / ohne Milchprodukte / Vorbereitung: 10 Minuten / Ruhezeit: mind. 2 Tage / Zubehör: 1,5-l-Glas, sterilisiert (siehe Tipps) /

100 g Zucker / 30 g Meersalz / 300 ml Apfelessig / 20 Wacholderbeeren / 750 g rote Zwiebeln, geschält /

In einem Topf 400 ml Wasser mit Zucker, Salz und Essig zum Kochen bringen. Zucker und Salz unter Rühren auflösen. Die Wacholderbeeren dazugeben. Abkühlen lassen. Die Zwiebeln in 2 mm dicke Ringe schneiden und in das Glas schichten. Mit dem Essigsud übergießen, verschließen und in den Kühlschrank stellen. Einige Tage durchziehen lassen.

Tipps / Alternativ die Zwiebeln durch Gurkenscheiben ersetzen und die Wacholderbeeren durch einige Stängel frischen Dill.

Zum Sterilisieren die Gläser im heißesten Programm in der Spülmaschine waschen oder 10 Minuten in kochendes Wasser legen. Vollständig trocknen lassen.

Vorbereiten / Die Zwiebeln halten sich im Kühlschrank mindestens 1 Monat.

Apfelchutney

Äppelchutney

Die Apfelbäume in meinem Garten tragen nur jedes zweite Jahr. Wenn es jedoch eine Ernte gibt, dann ist sie üppig. Einmal habe ich 20 kg Chutney eingekocht. Vieles habe ich an Freunde verschenkt, aber der Rest reift im Keller wie ein guter Wein.

Ergibt 800 ml / vegetarisch / glutenfrei / ohne Milchprodukte / Vorbereitung: 30 Minuten / Garzeit: 45–60 Minuten / Zubehör: 2 Gläser à 500 ml, sterilisiert (siehe Tipp oben) /

1 TL Rapsöl / 120 g rote Zwiebeln, geschält und fein gehackt / 150 g Rohrohrzucker / 4 mittelgroße Äpfel (etwa 550 g) / 210 ml Apfelessig / 60 g Rosinen / 1 TL Meersalz / 1 EL gem. Ingwer / 1 EL gem. Zimt / 1 Sternanis /

In einem großen Topf das Öl auf mittlerer Temperatur erhitzen. Die Zwiebeln darin 15 Minuten glasig schwitzen. Den Zucker dazugeben und alles unter ständigem Rühren 10 Minuten karamellisieren.

Die Äpfel schälen, entkernen und hacken. Mit den restlichen Zutaten in den Topf geben. Alles 25–30 Minuten unter gelegentlichem Rühren dicklich einkochen. In sterilisierte Gläser füllen und fest zuschrauben.

Vorbereiten / Das Chutney hält sich an einem kühlen, dunklen Ort jahrelang (Gläser sterilisiert und fest verschlossen). Nach dem Öffnen einige Wochen im Kühlschrank aufbewahren.

Holunderkapern

Fläderkapris

Holunderkapern habe ich erst hier in Schweden entdeckt. Unreife Holunderbeeren werden in einem Bad aus Essig, Salz und Zucker zu knackigen, duftenden »Kapern«. Unbedingt alle Stiele entfernen und die Ruhezeit einhalten, damit toxische Stoffe in den Beeren abgebaut werden.

Ergibt 400 ml / vegetarisch / glutenfrei / ohne Milchprodukte / Vorbereitung: 30 Minuten / Ruhezeit: 6–7 Tage / Zubehör: 400-ml-Glas, sterilisiert (siehe Seite 286) /

200 g unreife grüne Holunderbeeren, Stiele entfernt / 80 g Meersalzflocken / 150 ml Apfelessig / 25 g Zucker /

Holunderbeeren und Salz vermischen, abgedeckt an einen kühlen, trockenen Ort 2–3 Tage ruhen lassen. Wenn die Beeren bräunlich-grün aussehen, abgießen und abspülen, in das sterilisierte Glas füllen. In einem kleinen Topf den Essig aufkochen. Zucker und 40 ml Wasser einrühren, den Zucker unter Rühren auflösen. Den Sud über die Beeren gießen. Das Glas verschließen und an einem kühlen, dunklen Ort mindestens 4 Tage durchziehen lassen.

Vorbereiten / Ungeöffnet mindestens 1 Jahr haltbar, nach dem Öffnen im Kühlschrank bis zu 6 Monate. Die Beeren immer mit einem sauberen Löffel entnehmen.

Eingelegte Gurken

Inlagd västeråsgurka

Im Sommer kann man in Schweden nicht nur in den Seen baden und Beeren pflücken. Jetzt reifen auch die *västeråsgurka* – gedrungene Gurken mit harter, rauer Schale und kräftigem Geschmack. Sie eignen sich hervorragend zum Einlegen. Aus Västerås in Südschweden, wo seit Jahrhunderten Gurken angebaut werden, sollen besonders schmackhafte Sorten kommen. Ersatzweise können andere Gurken mit dicker Schale verwendet werden. Dünnschalige Salatgurken vertragen das Einlegen nicht so gut.

Ergibt 2 l / vegetarisch / glutenfrei / ohne Milchprodukte / Vorbereitung: 10 Minuten / Garzeit: 10 Minuten / Ruhezeit: mind. 24 Stunden / Zubehör: 2-l-Glas, sterilisiert (siehe Seite 286) /

275 ml Apfelessig / 80 g Meersalz / 1½ EL Zucker / 1½ EL gelbe Senfkörner / 45 g Meerrettich, geschält und gewürfelt (5 mm) / 1 kg kleine Einlegegurken / 1 Handvoll frischer Dill mit Stielen /

In einem Topf 750 ml Wasser mit Essig, Salz, Zucker, Senfkörnern und Meerrettich aufkochen. Rühren, bis Zucker und Salz aufgelöst sind. Vom Herd nehmen und abkühlen lassen. Kleine Gurken längs halbieren, größere längs vierteln. Sehr kleine können ganz bleiben. Mit dem Dill in das sterilisierte Glas schichten. Mit dem abgekühlten Sud übergießen, verschließen und schütteln, um alles gut zu mischen. Mind. 1 Tag in den Kühlschrank stellen. Dann darf probiert werden.

Vorbereiten / Ungeöffnet im Kühlschrank mind. 1 Monat haltbar, nach dem Öffnen etwa 1 Woche.

Eingelegte Pilze

Inlagd svamp

Wer im Spätsommer und Herbst Pilze sammelt, sollte sich die Zeit nehmen, einen Vorrat für spätere Monate einzumachen.

Ergibt 400 ml / vegetarisch / glutenfrei / ohne Milchprodukte / Vorbereitung: 40 Minuten / Garzeit: 5 Minuten / Ruhezeit: mind. 2 Tage / Zubehör: 400-ml-Glas, sterilisiert (siehe Seite 286) /

250 g Pilze (etwa Champignons oder Pfifferlinge) / 10 schwarze Pfefferkörner / 10 Wacholderbeeren/ 2 TL Meersalzflocken / 150 ml Apfelessig / 2 EL Zucker / 1 TL getrockneter Thymian oder einige Zweige frischer / etwa 200 ml helles Oliven- oder mildes Rapsöl /

Die Pilze mit einem feuchten Tuch gründlich säubern. Trocknen lassen.

Für den Sud Pfefferkörner, Wacholderbeeren und Salz zerdrücken. In einem hitzebeständigen Messbecher mit Essig, Zucker und Thymian sowie mit kochendem Wasser auf 500 ml auffüllen, mind. 30 Minuten ziehen lassen.

In einem Topf Pilze und Sud erhitzen, dann 5 Minuten leicht köcheln lassen. Dabei minütlich umrühren. Die Pilze mit einem Schaumlöffel aus dem Topf nehmen und auf einem sauberen Geschirrtuch ausbreiten. Thymian und Gewürze dürfen gern an den Pilzen haften. Vollständig trocknen lassen (mind. 30 Minuten).

Etwas Öl in das sterilisierte Glas geben. Einige Pilze dazugeben und mit Öl bedecken. Vorsichtig umrühren. Wiederholen, bis das Glas voll ist. Die Pilze müssen vollständig mit Öl bedeckt sein. Fest zuschrauben und mind. 2 Tage durchziehen lassen.

Vorbereiten / Der Sud kann einige Tage oder sogar Wochen zuvor zubereitet werden. Im sterilisierten Glas kühl und dunkel lagern. Nach dem Öffnen im Kühlschrank mind. 1 Woche haltbar.

Eingelegte Senfkörner

Inlagda senapsfrön

Köstlich zu Fleisch, in Salatdressings oder auf überbackenem Käsesandwich. Je länger sie durchziehen, desto mehr Flüssigkeit saugen sie auf.

Ergibt etwa 60 g / vegetarisch / glutenfrei / ohne Milchprodukte / Garzeit: 50 Minuten / Zubehör: 250-ml-Glas, sterilisiert (siehe Seite 286) /

100 ml Apfelessig / 2 EL Zucker / 1 Prise feines Meersalz / 30 g gelbe Senfkörner /

In einem kleinen Topf Essig, 250 ml Wasser, Zucker und Salz 5 Minuten köcheln lassen. Mit den Senfkörnern weitere 40 Minuten köcheln lassen. Gegebenenfalls Wasser angießen. Im Glas abkühlen lassen.

Vorbereiten / Im Kühlschrank etwa 3 Monate haltbar.

Preiselbeerkompott

Lingonsylt

Was den Amerikanern der Ketchup ist, sind den Schweden die Preiselbeeren im Glas. Sie werden zu den verschiedensten Gerichten serviert, und auch in diesem Buch tauchen sie immer wieder auf. Preiselbeeren und Cranberrys sind zwar verwandt, die nordischen Beeren sind aber viel kleiner und haben einen säuerlichen, leicht bitteren Geschmack. Frisch gebe ich sie gern an Salate oder Müsli, aber zum Einmachen kaufe ich tiefgefrorene Beeren.

Preiselbeeren enthalten von Natur aus Benzoesäure, die auch als Konservierungsmittel verwendet wird. Man muss sie also nicht einmal kochen, sondern kann sie einfach gemeinsam mit Zucker in Gläser füllen. Diese Variante nennt man in Schweden *rårörda lingon*, und sie wird mit denselben Mengen wie im folgenden Rezept zubereitet. Einfach Zucker und Beeren verrühren, in sterilisierte Gläser füllen, verschließen und schütteln. Dann 1–2 Tage ziehen lassen, bis die Beeren platzen und der Saft austritt.

Ergibt 400 ml / vegetarisch / glutenfrei / ohne Milchprodukte / Vorbereitung: 2 Minuten / Garzeit: 25 Minuten / Zubehör: 400-ml-Glas, sterilisiert (siehe Seite 286) /

500 g Preiselbeeren (TK) / 350 g Zucker / 1 Prise feines Meersalz /

In einem Topf sämtliche Zutaten bei mittlerer Temperatur abgedeckt köcheln lassen. Nach 5 Minuten umrühren, dann weitere 20 Minuten ohne Deckel köcheln lassen, bis die Beeren zu zerfallen beginnen und die Masse eindickt. Echtes *lingonsylt* ist etwas stückig und nie glatt wie Püree. Etwas abkühlen lassen, dann ins sterilisierte Glas füllen. Beim Erkalten dickt die Mischung noch mehr an.

Vorbereiten / Im Kühlschrank mehrere Monate haltbar.

Preiselbeer-sauerkraut

Surkål med lingon

In den letzten Jahren hat Sauerkraut stark an Beliebtheit gewonnen, da es so viele gesunde Bakterien für den Darm enthält. Schon bevor es in Mode kam, mochte ich es – sogar zum Frühstück, denn der erfrischend-saure Geschmack macht so richtig wach. Früher habe ich es fertig gekauft, bis ich gemerkt habe, dass es ganz einfach zuzubereiten ist. Es ist sehr praktisch, immer ein Glas im Kühlschrank zu haben: Eine ordentliche Portion Sauerkraut, ein paar Scheiben Schinken und einen Klecks Senf – fertig ist das Mittagessen.

Ergibt 1 kg / vegetarisch / glutenfrei / ohne Milchprodukte / Vorbereitung: 10 Minuten / Ruhezeit: mind. 4 Tage / Zubehör: 1-l-Glas mit weiter Öffnung und ein kleineres Glas zum Beschweren, beide sterilisiert (siehe Seite 286) /

1 Weißkohl (etwa 1 kg) / 100 g Preiselbeeren / 6 Wacholderbeeren, grob zerstoßen / 20 g feines Meersalz /

Die äußeren Kohlblätter entsorgen. Den Kohl in feine Streifen hobeln, dabei den Strunk entfernen. In einer großen Schüssel den Kohl mit den restlichen Zutaten so lange mischen, bis die Flüssigkeit aus den Kohlblättern und den Preiselbeeren alles bedeckt.

Die Mischung in das große sterilisierte Glas füllen und fest zusammendrücken, dann mit dem kleineren sterilisierten Glas (gefüllt, etwa mit Wasser) beschweren. Der Kohl muss komplett im eigenen Saft untergetaucht sein. Mit einem sauberen Geschirrtuch bedecken und bei Zimmertemperatur (etwa 20 °C) ziehen lassen. Nach 30 Minuten muss der Kohl eventuell noch einmal heruntergedrückt werden.

Nach 3–4 Tagen bilden sich Bläschen. Gegebenenfalls das Geschirrtuch auswechseln. Ab dem vierten Tag das Sauerkraut täglich probieren. Wenn Ihnen der Säuregrad zusagt, das große Glas fest verschließen und in den Kühlschrank stellen, um die Gärung zu verlangsamen.

Tipp / Bei langsamer Gärung in einem kühlen Raum erhält das Sauerkraut ein komplexeres Aroma. Mir schmeckt es aber auch nach 4 Tagen Gärung in einem wärmeren Raum (Geduld ist nicht meine Stärke).

Preiselbeer-Körner-Kräcker

Lingonsylt och fröknäcke

Ob Fertigmischung oder selbst gemacht, es kommt nur auf das richtige Verhältnis von Chiasamen zu den restlichen Kernen an. Meine Mutter kam auf die Idee, Preiselbeeren unter den Teig zu rühren. Die Kräcker schmecken herrlich als Snack für unterwegs oder mit einer Scheibe Käse.

Ergibt etwa 30 Stück / vegetarisch / glutenfrei / ohne Milchprodukte / Vorbereitung: 15 Minuten / Ruhezeit: 10 Minuten / Garzeit: 30 Minuten /

250 g Preiselbeerkompott (siehe Seite 290) oder säuerliche Konfitüre / 100 g Sonnenblumenkerne / 50 g Kürbiskerne / 50 g geschälte Sesamsamen / 25 g Leinsamen / 25 g Chiasamen / 1 EL Sonnenblumenöl /

Den Backofen auf 170 °C vorheizen. In einem Topf das Kompott erhitzen, bis es flüssig wird. Vom Herd nehmen. Alle Körner und das Öl zu den heißen Beeren geben. Umrühren und 15 Minuten ziehen lassen.

Ein großes Backblech mit Backpapier auslegen. Die Masse mit einem Palettmesser auf dem Blech dünn und eben verteilen, damit der Teig gleichmäßig backt.

Die Teigplatte im Ofen 20–25 Minuten backen, bis die Oberfläche bräunt. Dann 10 Minuten abkühlen lassen. Der Teig soll härter, aber noch biegsam sein. Falls er braun, aber noch klebrig ist, den Ofen auf 120 °C einstellen und das Blech wieder hineinschieben, bis der Teig nicht mehr klebt. Die Teigplatte mit einer Küchenschere oder einem Pizzarädchen in Stücke schneiden. Oder erkalten lassen und auseinanderbrechen.

Tipp / Alternativ 225 g fertige Körnermischung und 25 g Chiasamen verwenden.

Vorbereiten / Luftdicht verpackt halten sich die Kräcker mehrere Wochen.

Karottenketchup

Ketchup på rostade morötter

Wurzelgemüse ist in Schweden fast immer zu bekommen, einheimische Tomaten haben dagegen nur eine sehr kurze Saison. Warum also nicht einen würzigen Ketchup aus süßen Karotten kochen?

Ergibt etwa 500 g / vegetarisch / glutenfrei / ohne Milchprodukte / Vorbereitung: 30 Minuten / Garzeit: 30 Minuten /

1 Apfel (etwa Boskop) / 500 g Karotten, geschält und längs halbiert / 1 rote Zwiebel, geschält und geviertelt / 2 Knoblauchzehen, ungeschält / 1 EL Pflanzenöl / 1 große Prise Salz / ½ TL Koriandersamen / 1 TL Selleriesalz / 1 Prise gemahlener Zimt / 50 ml Apfelessig /

Den Backofen auf 220 °C vorheizen. Den Apfel schälen, entkernen und vierteln. In einer Schüssel mit Karotten, Zwiebel, Knoblauch, Öl und Salz vermischen. Auf einem Backblech 30 Minuten im Ofen garen.

Inzwischen in einer Pfanne die Koriandersamen ohne Fett rösten, bis sie duften. Mit Selleriesalz und Zimt zerstoßen, dann den Essig unterrühren.

Den gegarten Knoblauch von der Haut befreien. In einem Mixer mit Karotten, Zwiebel, Gewürzessig und 250 ml Wasser glatt pürieren. In ein luftdicht schließendes Gefäß oder eine Glasflasche füllen.

Tipps / Wenn der Mixer nicht stark genug ist, bleibt der Ketchup etwas stückig. Dann nach Belieben zusätzlich durch ein Sieb passieren.

Ich mag Ketchup gern säuerlich. Wenn er milder sein soll, zuerst nur die halbe Menge Essig verwenden und allmählich mehr dazugeben. Zwischendurch probieren.

Vorbereiten / In einem luftdicht verschlossenen Gefäß hält sich der Ketchup im Kühlschrank etwa 1 Woche. Alternativ kann er einige Monate eingefroren werden.

Register

N

O

P

Q

R

S

Rezepte nach Kategorien

Glutenfrei

Ohne Milchprodukte

Vegetarisch

Tack så mycket

Danke an meinen lieben Mann für all seine Unterstützung und Engelsgeduld angesichts meiner Küchenkatastrophen und meiner Höhen und Tiefen beim Schreiben. *Tack!* Auch dafür, dass ich mit dem ganzen Team fürs Fotoshooting unser Haus eine Woche lang ins Chaos stürzen durfte.

Danke an meine emsigen Rezepttesterinnen, an meine Mum und an Frankie Unsworth, die meine Rezepte so wunderbar appetitlich in Szene gesetzt hat.

Danke an David Loftus, der mein Leben in Schweden mit einzigartigem Fingerspitzengefühl in Fotos eingefangen hat. Du bist ein Zauberer mit deiner Kamera.

Danke an Lizzy Kremer und Harriet Moore, die mir immer Mut machen und Zuversicht geben.

Danke an das fantastische Team bei Penguin Random House, von der hilfreichen Lektorin Ione Walder über die Art Directorin John Hamilton und die Layouterin Sarah Fraser bis zu Verkauf, Herstellung, PR und Marketing. Ohne euch wäre dieses Buch nur eine Sammlung von Dateien auf meinem Computer. Vielen Dank an Caroline Pretty für das gründliche Korrektorat.

Danke an Linda Berlin, die mein Faible für einen Mix aus alten und neuen schwedischen Tellern, Besteck und anderen Kleinigkeiten verstanden hat. An Barbro Lidström für tolle Requisiten und an Karin Hossack für schöne Keramik.

Danke an die engagierten Food-Assistentinnen Hedvig Billengren Lindenbaum und Katja Palmdahl.

Danke an Niklas Ekstedt für ein köstliches Essen in deiner Weinbar *Tygge & Sessil* und an Robin Delselius für die himmlischen Zimtwecken aus deiner Bäckerei, an Rosendal für die sommerliche Szenerie einiger Fotos, an Devol Kitchens für die schöne Küche im Khoollect Studio und an Rickard von Grand Trip Sweden, der uns geholfen hat, verschneite Schären für Fotos zu finden. Danke an Pele, Isabelle und Amanda, die Models und Gäste bei meinem Picknick.

Trivia 86-80
Prästg
78-58

Penguin Random House

Für die deutsche Ausgabe:
Programmleitung Monika Schlitzer
Redaktionsleitung Caren Hummel
Projektbetreuung Anne Heinel
Herstellungsleitung Dorothee Whittaker
Herstellungskoordination Arnika Marx
Herstellung Stefanie Staat

Titel der englischen Originalausgabe:
THE LITTLE SWEDISH KITCHEN

Der Originaltitel erschien 2018 in Großbritannien bei Michael Joseph, ein Unternehmen der Penguin Random House Group.

Übersetzung Wiebke Krabbe
Lektorat Annika Genning, Text-Genuss

Druck und Bindung L.E.G.O. S.p.A., Italien

MIX
Papier aus verantwortungsvollen Quellen
FSC® C023419
FSC www.fsc.org

ISBN 978-3-8310-3586-1

www.dorlingkindersley.de

Hinweis
Die Informationen und Ratschläge in diesem Buch sind von der Autorin und vom Verlag sorgfältig erwogen und geprüft, dennoch kann eine Garantie nicht übernommen werden.
Eine Haftung der Autorin bzw. des Verlags und seiner Beauftragten für Personen-, Sach- und Vermögensschäden ist ausgeschlossen.

Über die Autorin

Nach ihrem Abschluss am Londoner Central Saint Martin's College zog es die leidenschaftliche Bäckerin Rachel Khoo nach Paris, wo sie an der Kochschule *Le Cordon Bleu* eine Pâtissier-Ausbildung absolvierte. Bald darauf reiste sie durch die ganze Welt und hielt Kochworkshops für große und kleine Firmen ab, in London, Paris, Mailand, Sydney und Buenos Aires, während sie nebenbei an ihrem ersten Kochbuch arbeitete. Ihr 2012 erschienenes Buch *Paris in meiner Küche* wurde in dreizehn Sprachen übersetzt und zum internationalen Bestseller. Ihre BBC-Kochserie wurde in Australien, Brasilien, Hongkong und Amerika ausgestrahlt. Rachel Khoo schreibt regelmäßig für den *Evening Standard*, *The Times* und *The Guardian*. Sie berät Hotels und Restaurants. Auf ihrer beliebten Website http://khoollect.com bietet Rachel Inspirationen zu den Themen Essen und Lifestyle an; kürzlich eröffnete ihr Kreativ- und Arbeitsraum in London. Seit 2016 lebt Rachel mit ihrem schwedischen Ehemann und ihrem Baby in Schweden. Dies ist ihr sechstes Kochbuch.

www.rachelkhoo.com /
rachelkhooks / rkhooks / rkhooks /
rachelkhoo / rachelkhooks

Anmerkung: Alle Temperaturangaben beziehen sich auf Ober-/Unterhitze. Bei Umluftbetrieb üblicherweise etwa 20 °C niedriger einstellen. Jeder Ofen heizt jedoch anders!